I0786125

1

I

« Nous allons payer cher ce que nous avons
fait et ce que nous n'avons pas fait, ainsi que les
générations à venir, à qui nous laisserons un bien
triste héritage. »

Nous sommes depuis trois jours dans l'île de
Gotland, qui est de toute beauté et un endroit de
rêve dont on ne se lasse pas :

« Oui, mon cher Sigurd, il est probable que
les humains vivent leurs dernières heures, que la
nature prenne sa revanche sur ceux qui l'ont
bafouée depuis bien trop longtemps déjà. Mais,
quoi qu'il arrive, ce sera autant de la faute de
ceux qui ont causé le désastre par cupidité que de
ceux qui n'ont rien fait par lâcheté. »

Ce main-là nous étions en train de contempler
les rauks, étranges statues taillées par la nature,
comme si elle avait voulu se créer des idoles
protectrices. Mais ce genre d'enfantillages n'est
le fait que des hommes, la nature a autre chose à
faire alors qu'elle a la lourde charge de conserver
le monde, de nourrir et soigner les ingrats que
sont les hommes, qui la récompensent si mal des
bienfaits qu'elle leur donne sans compter :

« Pourtant, il y a ceux, et ils sont nombreux,
qui se battent avec leurs faibles moyens pour la
protection de la nature et des animaux. »

Ida nous a laissés, sous prétexte d'un problème urgent à régler au centre mais qu'importe, nous sommes bien installés dans un hôtel confortable de Visby, une jolie ville, dont le mur d'enceinte est presque intact à l'âge de huit-cent ans, où cohabitent avec art deux époques, le moyen-âge et les temps modernes, et qui est pour le touriste une source inépuisable de découvertes. L'hôtel a tout ce dont on peut rêver, nous avons même une piscine. Madame Björck a sa chambre et nous dormons ensemble dans une autre. Elle a fini par en prendre son parti et ne dit rien, même quand elle nous voit nous embrasser tendrement sans la moindre réserve :

« Sans doute, mais ce n'est pas à moi de décider de ce que sera leur sort, et je doute que les catastrophes à venir fassent la différence et ménagent les innocents. Les bombes ne savaient pas, quand elles tombaient sur l'Allemagne, qui était nazi et qui ne l'était pas. »

Ce matin-là, nous avions décidé de faire un tour de l'île et madame Björck avait loué une voiture et acheté une carte, et c'est alors que je rêvassais devant ces étranges statues que j'ai vu Torsten qui marchait comme si il n'avait été qu'un simple promeneur :

« Fais comme si de rien n'était, Sigurd, les deux femmes sont en pleine discussion et ne font pas attention à nous. »

Et le monde pourrait s'écrouler quand deux femmes parlent entre elles. Nous-nous éloignons discrètement, puis, quand elles sont hors de vue et d'oreille, Torsten reprend la parole pour me révéler la raison de sa présence :

« Ida m'a téléphoné quand vous étiez à Copenhague et m'a fait part de son inquiétude au sujet de la mère de Frida. Elle la juge incapable de tenir un secret. »

Ce en quoi, elle n'a pas tort, c'est presque maladif chez cette femme qui parle comme elle respire. C'est un réel problème alors qu'il veut que le secret soit bien gardé et ne pas attirer l'attention sur le centre :

« C'est pourquoi j'ai décidé de modifier nos plans initiaux et prendre l'affaire en main afin de me faire une idée. »

Je comprends, ayant, moi-même, souffert d'une indiscrétion de ma chère Ingrid qui avait fait scandale, mais j'ai l'impression que ce retard ne va pas être très apprécié chez les näcken :

« Tu sais que les näcken l'attendent et, qu'en ce moment, la situation est tendue. »

Bien sûr, Torsten a une vague idée de l'état d'esprit des habitants des mers et n'est pas sans ignorer que le rapport entre l'homme et la nature, en général, est de plus en plus tendu :

« C'est toi qui a rencontré les näcken et est le mieux à même de me dire ce qui en est. »

Je ne sais pourtant ce que je peux ou je dois révéler et j'y vais avec prudence :

« Je crois, Torsten, que nous allons à notre perte et que, si nous ne donnons pas de signes de bonne volonté, l'homme disparaîtra de la surface de la terre. Leur représentant a été clair et ils veulent la rencontrer. »

Si on te confie un logement et que tu n'en prends pas soin, il faut t'attendre à ce que le propriétaire se fâche :

« Je comprends, tu as une meilleure idée de la situation mais je crois qu'il faut y réfléchir à deux fois avant de prendre une telle décision. »

Dire que les hybrides connus sont si rares et qu'il faut qu'une d'entre elles soit si bavarde et parle à tort et à travers. Torsten enchaîne :

« Si un tel secret venait à être connu des journalistes, les conséquences pourraient être désastreuses. »

Et si rien n'est fait, elles pourraient être pires :
« Je vais tâcher de savoir ce qu'il en est, de faire connaissance avec elle et de la tester, et nous prendrons alors une décision mais, d'après ce que m'a dit Ida, je ne me fais pas d'illusions. »

Il n'est pas facile de prévoir ce que feront les gens qui sont imprévisibles, mais je ne sais pas, non plus, ce que sera la réaction des näcken qui commencent à être dangereusement prévisibles. Aussi, je propose :

« De mon côté, je vais retourner chez les näcken pour leur expliquer la situation. Je pense qu'ils ont leur mot à dire, eux-aussi, surtout qu'il n'ont pas plus envie que nous de publicité. »

Torsten ne répond pas mais un bref hochement de la tête montre qu'il est d'accord. Puis il enchaîne vivement :

« Rejoignons ces dames et tu me présenteras à elles. »

Ce que nous faisons sans tarder, les surprenant dans une conversation au sujet de je ne sais quel voisin qui aurait fait je ne sais quoi qui indigne fortement madame Björck :

« Tout de même, un homme qui était respecté dans notre quartier... »

En tous cas, il réussit à leur faire oublier la beauté sans pareil du site :

« Je l'ai dit à madame Jacobsson, tu sais, ma cliente dont le fils est homosexuel, je t'en ai parlé déjà… Et bien, elle ne voulait pas en croire ses oreilles. »

Et voilà comment les bruits passent de dents à oreilles… Nous-nous sommes placés presque en face d'elles et les deux femmes, totalement absorbées par ce qui semble être le scandale de l'année, passent devant nous sans nous avoir remarqués. Et pourtant, pour ne pas voir Torsten, il faut faire un effort :

« Eh, Frida, regarde qui j'ai rencontré. »

Un peu agacé, j'ai profité d'un rare moment de silence pour intervenir et capter l'attention de ma chère Frida :

« Ah, bonjour Torsten, mais qu'est-ce que tu fais ici ? »

Et, sans attendre la réponse, elle enchaîne à l'attention de sa mère :

« Maman, je te présente Torsten, le directeur du centre où je travaille. »

Madame Björck, oubliant le honteux inconnu dont nous ne saurons rien de plus, lui tend alors la main et ils se saluent cordialement :

« Je suis enchantée de vous connaître, monsieur, ma fille m'a tant parlé de vous. »

Torsten, qui est un homme poli, se garde bien de dire que l'inverse n'est pas vrai et réplique simplement :

« Il est vrai que nous avons, avec votre fille, une collaboratrice remarquable. »

Voilà de quoi satisfaire une mère pour pas cher, et il ajoute, très courtoisement :

« Et je constate que sa mère est charmante. »

Il faut toujours plaire aux pipelettes, sinon, on devient vite les victimes de leurs cancans :

« Ma fille se plaît beaucoup dans votre centre et elle y a déjà des amis très proches. »

Elle a lourdement insisté sur la fin de sa phrase comme pour signaler qu'elle aurait des choses à dire, mais elle enchaîne déjà vers un autre sujet :

« Je vous remercie du fond du cœur pour m'avoir invitée à faire cette croisière. C'était merveilleux, surtout que je n'étais jamais allée sur un bateau. Vous savez, avec notre cabinet dentaire, nous sommes débordés et nous avons peu de temps pour prendre des vacances. Et puis, mon mari est devenu casanier avec l'âge et j'ai du mal à le faire bouger de la maison de campagne que nous avons achetée et où il passe toutes ses journées de liberté... »

Et c'est parti pour un long monologue :

« Mon mari est passionné par les fleurs et son grand plaisir est d'avoir les mains dans la terre. Il dit toujours que le grand avantage des fleurs sur les femmes, c'est qu'elles ne savent pas parler. »

Difficile de ne pas pouffer de rire à cette réflexion rapportée avec naïveté par l'intarissable pipelette qui ne semble pas avoir compris qu'elle était visée :

« Je le comprends. Dans notre métier, nous en entendons des vertes et des pas mûres. Si je vous disais tout ce qu'on m'a confié, vous n'en croiriez pas vos oreilles. Par exemple... »

Torsten a le plus grand mal à endiguer ce flot de confidences qui menace :

« Il va être bientôt midi, madame Björck, permettez que je vous invite à déjeuner pour fêter notre rencontre. Je connais un restaurant très sympathique, allons-y, je vous guide. »

C'est que, pour Torsten, l'heure du repas est sacrée et il ne conviendrait pas de la dépasser. Il faut bien nourrir une telle carcasse. Nous montons donc en voiture par groupes de deux, car Torsten a, lui-aussi, loué une voiture et je monte avec lui. Bien sûr, nous abordons tout de suite le sujet qui nous préoccupe en ce moment et dont l'évidence lui a sauté à la figure sous la forme d'un flot de confidences au sujet de gens qu'il ne connaissait pas :

« Je crois que vous avez pu vous rendre compte par vous-même... »

Torsten est pensif. Effectivement, il a constaté et il est édifié :

« Oui, c'est une bavarde pathologique et nous ne pouvons pas prendre le risque de lui confier un tel secret. »

Car tout hybride plongé dans l'eau finit par en ressortir à un moment donné, et il y a peu de chance qu'elle en sorte muette comme une carpe. J'ajoute en plaisantant :

« Il est clair qu'elle a au-moins ça en commun avec le poisson, c'est d'avoir la bouche toujours en mouvement. »

Mais mon trait d'humour tombe à plat. Torsten est soucieux. Le caractère particulier de la mère de Frida pose un problème qu'il n'avait pas prévu alors qu'il est essentiel qu'ils soient édifiés sur ce point :

« Nous devons absolument savoir si elle est une hybride et il n'y a pas beaucoup de moyens pour ça. »

Autrement dit, et puisqu'il ne sera pas possible de lui expliquer clairement les chose, il faudra la jeter à l'eau avec les risques que ça comporte si elle n'est pas hybride :

« Si nous ne le faisons pas, ils risquent de naufrager le bateau du centre comme ils ont fait couler l'avion qui me transportait. »

Et tant pis pour les victimes collatérales de ce naufrage dont les näcken, luttant désespérément pour leur survie, ne se préoccuperont pas plus que des cent-cinquante-trois morts du crash de l'avion. Il faut donc en passer par là et tenter cette expérience en se débrouillant pour que cette chère madame Björck aille raconter ses histoires aux poissons :

« Une fois qu'elle sera dans l'eau, les näcken prendront le relai. »

Le seul ennui, c'est que si elle n'est pas une hybride, elle risque fort de se noyer :

« Demain matin, nous rentrerons au centre et, pendant le trajet, je simulerai une panne pour te donner une raison d'aller voir les näcken, et tu leur parlera de ce qui nous soucie. »

Je reste pensif. Emma s'était fait insistante, elle voulait rencontrer la nouvelle hybride. Il faut dire que nous ne sommes pas nombreux :

11

« Vous pensez qu'il y a d'autres hybrides, comme nous ? »

Torsten hausse ses épaules et plisse son menton dans une moue explicite :

« Je ne sais pas. Avant d'avoir rencontré Dora, j'ignorais l'existence des hybrides et c'est elle qui m'a révélé celle des näcken mais j'avais déjà du mal à y croire au début. »

Il est vrai qu'il y avait de quoi, c'était une découverte peu ordinaire :

« Elle m'a parlé de l'urgence de la situation, mais j'en étais déjà conscient, et l'idée de créer ce centre est née et a pu être réalisée, d'autant plus facilement que le financement était assuré par les trésors des mers. »

Je sais, qu'officiellement, ces trésors sont récupérés par le bateau du SfocUnh, qui fait des recherches dans les fonds marins et qui réinvestit ses découvertes dans la recherche :

« C'est elle qui m'a appris que vous étiez un hybride, elle l'avait su par les näcken et la décision a été prise de vous faire avoir un enfant tous les deux et d'essayer de comprendre ce que sont les hybrides. »

Donc, nous ne sommes que deux à être connus, et, peut-être madame Björck, mais il est probable que les autres hybrides ne sachent pas qu'ils le sont, comme c'était le cas de Dora et le mien :

« Pour ce qui est de madame Björck, il ne
s'agit encore que d'un faisceaux de présomptions
à partir de deux éléments, ce qui est peu. »

Le fait qu'elle soit orpheline et que sa fille,
qui serait alors une semi-näcken, soit capable de
supporter les chocs thermiques :

« Pourtant, les näcken ont l'air sûr de ce fait
comme ils savaient pour moi. »

Torsten se gare à ce moment-là devant un
restaurant :

« Oui, comme pour toi, et ils ne se sont pas
trompés. »

Nous sortons de la voiture et retrouvons Frida et
sa mère, ce qui coupe court à toute discussion,
mais je suis intriguée. Ils semblent que les
näcken aient un moyen de les identifier, mais pas
de les chercher, ne se trouvant pas dans le même
élément. Voilà une question qu'il faudra que je
pose à Emma parce que ça veut peut-être dire
que nous sommes des milliers, voir plus. Les
orphelins, ce n'est pas ce qui manque sur terre :

« Vous aviez raison, la cuisine est très bonne et
le site est agréable. »

Nous mangeons dans une véranda, face à la
mer, mais il est vrai que ce n'est pas ça qui
manque dans une île :

« Après manger, nous irons nous promener sur
le bord de la mer, ça nous fera digérer. »

Frida suggère :

13

« Bonne idée, nous pourrons même nous baigner. »

Hélas, pour madame Björck, il y a un petit inconvénient :

« C'est dommage, je n'ai pas emmené mon maillot de bain. »

Ce à quoi Frida réplique en riant :

« Moi non plus mais ce n'est pas grave, nous-nous baignerons nus. »

Bien sûr, il n'en est pas question pour la prude madame Björck, ni même pour les autres, aussi nous-nous contentons d'une simple promenade sous le cri des albatros, ceux-là même qui ont donné son nom au restaurant où nous avons déjeuné, répondant aux éternels commérages :

« Je vous remercie, monsieur, c'était très bon. »

Torsten réplique de sa voix grave et puissante :

« Appelez-moi Torsten, et vous pouvez même me tutoyer. C'est ainsi que ça se passe, au centre. Nous sommes tous collègues et amis. »

Ce à quoi madame Björck répond :

« Et moi c'est Heidi. »

La glace est rompue, comme on dit, mais pas assez pour inciter la mère de Frida à plonger nue dans les eaux glacées de la mer...

II

« Nous ne dormirons plus ensemble... »

Cette nuit avait été comme une nuit d'adieu, avec tout ce qu'elle avait pu être intense et triste à la fois, surtout pour Frida. Pour ma part, je songeais que j'allais bientôt retrouver Ingrid, celle que j'aime et la seule qui tienne une place entière dans mon cœur. Pourtant, je prends bien garde, au matin d'une nuit agitée, de ne pas montrer ma joie tandis que nous préparons nos sacs avant de quitter l'hôtel :

« Ne t'inquiète pas, nous aurons encore de bons moments. »

Il est vrai que nous ne nous étions pratiquement pas quittés durant une dizaine de jours durant lesquels elle s'était montrée insatiable, prenant des réserves de tendresse pour le temps de célibat et de solitude qui suivra :

« Je l'espère, et je serai à ta disposition quand tu voudras et où tu voudras. »

C'est gentil de sa part mais, sur une surface terrestre, il est probable que nos relations seront plus professionnelles, bien qu'aucun accident ne soit exclu pour autant : :

« Et je te rappelles que nous partageons le même bureau. Nous aurons beaucoup d'occasions de nous voir, ma chère Frida. »

« Je resterai, seule, chez moi tous les soir, et je t'y attendrai, même si je sais que tu ne viendras jamais. »

Voilà qui ne sera pas bien gai, alors que je profiterai de la chaleur de ma famille :
« Tu trouveras peut-être quelqu'un dans le centre qui te fera m'oublier. »

Elle secoue la tête sombrement, les yeux pleins de larmes mais cependant calme :

« Non, je ne veux pas, je veux rester pour toujours ton épouse des mers. »

Étrange de rencontrer chez cette scientifique une âme si romantique :

« D'accord, et il en sera ainsi. Mais ça ne t'empêche pas d'avoir un époux sur la terre. Je suis bien marié, moi. »

Elle ne me répond pas. Mais, l'avenir lui offrira peut-être ce bonheur qu'elle n'a pas eu dans son premier mariage. Il est vrai que, dans le centre, le choix n'est pas bien grand, tant que j'y fais presque figure d'Adonis, mais il y a aussi les nouveaux embauchés, ceux qui sont arrivés lundi et que nous rencontrerons demain. Je ne souhaite pas qu'elle reste ainsi toute seule dans sa maison à m'attendre alors que je serai dans les bras d'Ingrid ou en train de pouponner avec Hervor. Ce serait trop triste. Mais l'heure avance et j'interromps ce dialogue pour des considérations plus pratiques :

« Il est temps d'y aller, ta mère nous attend en bas pour déjeuner et, ensuite, nous devons rejoindre le bateau. »

C'est qu'il nous reste encore une journée en mer pour rejoindre Grisslehamn. Hier soir, nous avons dîné avec Ida, qui était arrivé le soir-même à Visby pour venir nous chercher et qui a dormi avec Torsten dans le bateau. Telle que je la connais, elle doit avoir tout préparé pour le départ. Décidément, l'inépuisable capitaine aura navigué ces jours-ci, mais je sais qu'elle adore ça. Nous rejoignons la salle de restaurant où nous sont servis des céréales avec du lait fermenté, des tartines de fromages, de la charcuterie et des bullars, délicieux gâteaux à la cannelle, le tout accompagné de café, de thé et de jus de fruits. Madame Björck parle, comme d'habitude :

« J'espère que ton père arrivera à s'en sortir. Je suis sûre qu'il n'a rien mangé d'équilibré depuis que je suis partie. »

Il est bien connu que les hommes sont des êtres incapables de survivre sans épouses. Le taux de mortalité doit être épouvantable chez les célibataire :

« Heureusement, je lui ai laissé des plats tout préparés au congélateur... »
Et puis, ainsi qu'elle le fait constamment, parlant de tout sans rien conclure, elle enchaîne sur un tout autre sujet :

« Torsten est un homme très gentil mais ça ne doit pas être rose tous les jours avec Ida... »

Elle n'aime pas beaucoup Ida, qui le lui rend bien. Pourtant, il n'y a jamais eu de heurts entre les deux femmes qui ont dû partager le même lit, entre ces deux femmes aux caractères opposés, l'une parlant sans cesse et l'autre n'écoutant pas. D'ailleurs, moi non plus, je ne l'écoute pas, je l'entends, comme le ronronnement d'un moteur, et quant à Frida, elle mange en silence, perdue dans de sombres pensées :

« Il faut y aller, Torsten et Ida nous attendent. »

Connaissant Ida et Torsten, ils sont certainement prêts à prendre le large depuis longtemps après s'être levés à l'aube. Mais ils sont, l'un comme l'autre, doués d'une patience infinie alliée à leur calme naturel et, si il y avait eu quelque urgence, je suis certain qu'ils nous l'auraient fait savoir. Nous quittons l'hôtel pour rejoindre le port, qui est a une dizaine de minutes de marche, et Torsten, qui était assis sur une bite d'amarrage, d'où il nous guettait comme un aigle sur son rocher, vient à mon secours pour prendre à son tour les deux lourdes valises de madame Björck. Dès que nous sommes à bord, Torsten annonce :

« En route ! Nous serons au centre ce soir. »

Et le bateau quitte le port, mené avec souplesse par Ida, capitaine émérite, qui manœuvre habilement pour nous mener en pleine mer :

« Nous avons de la chance, c'est vraiment un printemps magnifique. »

Ce qui est vrai, nous n'avons guère eu que quelques rares jours de grisaille en ce printemps exceptionnellement doux, mais ce que madame Björck précise afin d'avoir quelque chose à dire, et sur n'importe quoi, ce qui agace fortement Ida qui aime tant le silence de la mer :

« Moi aussi, j'aurais aimé conduire un bateau et je crois que je vais passer le permis. »
L'orage menace, bien qu'Ida prenne sur elle pour ne pas réagir. Heureusement, Torsten s'arrange pour l'isoler de son épouse, et puis, il a besoin de lui parler :

« Suivez-moi s'il-vous-plaît, Heidi, j'ai quelque chose d'essentiel à vous dire. »

Ils descendent tous deux à l'étage inférieur, là où nous prenons nos repas, et il me semble soudain que je suis seul sur le bateau tant le contraste est fort. Mais tout le monde est seul sur ce bateau, comme peut-être dans ce monde. Ida est seule à la barre, où elle veille sur un horizon sans fin, madame Björck parle toute seul, Frida s'est isolée et songe à je ne sais quoi, mais qui ne doit pas être bien gai car son visage est bien sombre. J'entends Torsten parler :

« Il faudra que vous ne parliez jamais de ce que vous verrez au centre dont les activités sont un secret d'état, même pas à votre mari... »

19

Il faut toute la puissance de sa voix de stentor pour imposer le silence à l'éternelle commère. Mais celle-ci promet :

« Ne vous inquiétez pas, Torsten, je sais garder un secret. D'ailleurs, dans mon métier, on me fait souvent des confidences. Tenez, quand madame Jacobsson m'a dit que son fils était homosexuel, je n'en ai parlé à personne. »

Sauf à son mari, sa fille, moi et Torsten et peut-être bien d'autres. Mais Torsten veut bien croire ce qu'elle voudra du moment qu'elle écoute ce qu'il a à lui dire. Une toute dernière tentative, juste pour avoir bonne conscience, car elle se révèle un échec. Mais c'est peine perdue et il est clair que madame Björck ne saura pas tenir sa langue. Il remonte sur le pont où Ida annonce discrètement :

« Nous allons bientôt passer au large de Gotska Sandön. C'est là que je mettrai le moteur en panne. »

Gotska Sandön, l'île de sable de Gotland, une île déserte, bien que son parc commence à attirer des touristes. Je vois au loin les plages et les dunes qui occupent cette île dont le point culminant fait quarante-deux mètres et où seuls vivent des oiseaux et des phoques. Gotska Sandön est l'île des eaux et du ciel mais n'appartient pas à la terre. Le moteur s'arrête subitement :

« Qu'est-ce qui se passe ? »

Torsten est bien préparé à cette petite comédie. Ida lui répond tranquillement. Ida lui répond d'un air inquiet :

« Je ne sais pas, une des hélices doit être prise dans quelque chose. »

Je sais que c'est à moi de jouer :

« Je vais aller voir. »

Je prends même le temps d'aller me mettre en maillot de bain, ça m'évitera de ressortir avec mes vêtements trempés, bien qu'Ingrid a dû recevoir la machine à laver qu'elle avait commandée, ce n'est pas nécessaire. Ida m'assure :

« J'ai tout coupé mais fait attention tout de même. »

Une hélice bloquée dans son élan peut être dangereuse pour celui qui vient la délivrer en lui donnant un coup de son fameux retour. Mais ce n'est pas mon souci, surtout que je n'aurai aucune raison de me préoccuper d'elles, alors que je plonge puis m'enfonce dans un paysage montagneux avant d'appeler Emma. Celle-ci ne tarde pas à venir :

« Bonjour, Emma... »

Mais, qu'est-ce que ça veut dire, bonjour, dans un espace où le temps n'existe pas ? Sous la mer, il n'y a pas de matin ni de soir ou de nuit comme au début des temps :

« Au commencement, Dieu créa les cieux et
la terre. La terre était informe et vide : il y avait
des ténèbres à la surface de l'abîme, et l'esprit de
Dieu se mouvait au-dessus des eaux.* »

Ici, je suis là où tout a commencé avant même
que la terre existe. Et c'est là aussi que tout finira
quand le monde terrestre aura fini d'exister. La
planète ne sera alors plus qu'un immense océan
avec peut-être quelques îlots que nous aurons
rendus invivables :

« J'aime bien que tu sois venu habillé comme
ça. Viens, je connais un endroit... »

Nous trouvons refuge, un léger creux recouvert
d'algues dans les reliefs qui relient l'île de
Gotland à Gotska Sandön et je lui explique le
problème qui se pose à cause de l'incorrigible
tendance au bavardage de madame Björck, mais
Emma ne m'écoute pas, tout d'abord, elle a tout
autre chose en tête, en ce moment. Pour elle, la
première politesse est l'acte de reproduction, ou
le plaisir, puisque l'un va avec l'autre. Ensuite,
on peut parler :

« Oui, c'est plus pratique pour plonger. »

Elle me propose alors gentiment :

« Si tu veux, je viendrai aussi comme ça, la
prochaine fois, nous avons plein de corps de
nageuses qui sont très jolies. »

* Genèse : 1 : 1 et 2.

Mais il est déjà assez perturbant comme ça de faire l'amour avec une sardine alors je préfère qu'elle garde la même apparence lors de nos rencontres, ça me donne des points de repères et je sais qui elle est, même si n'importe quel näck pourrait prendre sa forme et me berner :

« Non, je préfère que tu restes Emma, mon hôtesse de l'air. Pour les humains, l'apparence physique est très importante, c'est notre manière de nous reconnaître. »

Imaginez que votre femme rentre chez vous avec un autre corps et un autre visage. Bien sûr, ça peut être assez excitant, à condition qu'elle ait fait de bons choix. On ne peut pas être sûr que sa propre épouse ait les mêmes goûts en matière de femmes. Emma accepte. d'ailleurs, pour elle, l'enveloppe n'a guère d'importance, seul l'âme compte, et ils se reconnaissent par leur apparence spirituelle, ce qui est difficile à imaginer pour moi. Pourtant, elle m'assure :

« Si tu veux. D'ailleurs, je n'ai jamais changé de corps depuis que nous-nous sommes rencontrés, c'est ma manière de t'être fidèle, parce que je sais que la fidélité, c'est important pour toi. »

Bien que, dans l'autre sens, je n'en fasse pas particulièrement preuve. Mais je trouve ça touchant de sa part :

« Tu mérite d'être Emma, car je suis sûr que c'était une femme bien. »

23

Ce qui m'étonne aussi, c'est qu'elle ne me demande pas de nouvelles de ses enfants. Il est vrai qu'ils sont si nombreux à chaque fois qu'il doit être difficile de leur donner un prénom à chacun. Mais les näcken n'ont pas la fibre maternelle. Pas plus qu'ils n'ont de noms. Ils se reconnaissent à ce qu'ils ont en eux et ne s'appellent pas, tout simplement. Je la prends dans mes bras et l'embrasse et nous-nous aimons au milieu des poissons. Puis, quand nous avons terminé, j'entre, si je peux dire ainsi, dans le vif du sujet :

« Nous avons un problème avec madame Björck, c'est le fait qu'elle est très bavarde et ne sera pas capable de tenir votre existence secrète une fois retournée dans le monde des terriens. »

Sur le moment, elle ne s'inquiète pas trop :

« Ne te fais pas de souci pour ça, nous la persuaderons de l'importance de ne rien dire et tout ira bien. »

Belle confiance mais qui se heurte à la rude réalité :

« C'est comme une maladie, chez elle, et elle parle malgré elle. Tu peux me croire, elle ne le fera pas exprès, mais elle trahira votre secret. »

Emma affiche un visage soucieux :

« Effectivement, c'est un problème, mais nous avons si peu de contacts terrestres, à part toi et Dora, et la situation est tendue, tu le sais. »

Effectivement, quoi que je ne sois pas si sûr qu'une troisième personne changera le destin du monde :

« Il faudrait que vous soyons des millions d'hybrides pour faire bouger les choses. Une personne de plus n'apportera pas grand-chose et madame Björck risque de faire plus de dégâts qu'autre chose. »

Pourtant, je n'arrive pas vraiment à la convaincre :

« Il faut pourtant qu'il se passe quelque chose, ne serait-ce que pour calmer nos ultras. »

Je sais qu'elle ne dispose pas d'une grande marge de manœuvre et doit rassurer les peuples des mers qui sont excédés, mais que faire ? On ne va pas lui couper la langues, tout de même. Pourtant, il faut trouver une solution :

« Si tu veux, je peux aller rencontrer le conseil et leur expliquer. »

Emma hausse les épaules :

« Ça, je peux le faire, et je leur ferai part de tes inquiétudes, mais trouver les hybrides m'est impossible. »

Ils ont l'inconvénient d'être sur terre, là où les näcken ne peuvent pas aller, ce qui ne facilite pas les choses mais amène la question suivante :

« Comment les näcken peuvent-ils être aussi certains qu'elle est une hybride ? »

La réponse semble évidente :

25

« Nous savons ce qu'il y a à l'intérieur, au plus profond des êtres, des näcken et des hybrides. Et puis, se sont les seuls avec qui nous pouvons échanger, comprendre ce qu'ils nous disent et être compris d'eux. »

Autrement dit, il suffirait de mettre tout le monde à l'eau, et ensuite de faire le tri. Mais ça risque de faire pas mal de victimes :

« Et pourtant, vous n'en avez rencontré que deux, ce qui veut dire que nous ne devons pas être très nombreux. »

Deux sur un nombre de victimes de la mer qui doit se chiffrer, au bas mot, en millions, depuis la nuit des temps, naufrages, noyades, raz-de-marées et autres, ça fait des statistiques tout de même assez faibles :

« C'est qu'avant Dora, nous ne savions rien de l'existence des hybrides. Cette rencontre a tout changé, et puis, il y a eu toi, qui nous a parlé sur le pont du bateau, alors, nous avons compris que nous avions des alliés potentiels sur terre... »

Elle me révèle alors que cette découverte avait alors permis de sauver l'invasion totale des surfaces terrestres par les mers mais que, de plus en plus, ce qui était apparu comme une dernière chance semble pour beaucoup une illusion et que le désastre risque d'être inévitable...

III

« Mon chéri, comme je suis heureux de te retrouver ! »

Quand j'arrive dans notre maison au centre, Ingrid me saute au cou et m'embrasse avec une telle vigueur que j'en perds presque l'équilibre. l'attente a visiblement été longue pour elle :

« Quand Torsten m'a téléphoné que tu rentrais enfin, j'ai tout de suite demandé à maman de me raccompagner. »

Elle avait passé tout le temps où j'étais parti chez ses parents, mais le « enfin » suffit à me montrer combien tout lui manquait de sa vie nouvelle, sa maison, ses occupations ménagères, et même ma compagnie. Son existence ménagère reprenait et, au contraire de tout ce qu'on attendait, elle aime tout ce que ça implique :
« Je t'ai préparé un repas. j'ai appris avec maman comment te préparer des petits plats. »

Elle est allé faire les courses, ou c'est sa mère qui l'a fait, et a même pensé à m'acheter ma bière préférée :
« Tu as aimé ? »

J'avoue que c'était une réussite et elle est toute heureuse des compliments mérités dont je la gratifie tout au long du repas auquel elle a dû consacrer sa journée :

« Ton voyage s'est bien passé ? »

Nous-nous sommes tous deux assis sur le lit dans notre chambre, la maison manquant encore sérieusement de meubles, et Ingrid donne le sein à Hervor. Malgré moi je repense à mon dernier entretien avec Emma, à mes relations avec Frida qui avaient gagné en intensité, surtout les derniers temps, et au problème posé par le caractère particulier de madame Björck :

« C'était un peu compliqué. »

Je ne sais pas pourquoi, c'est la seule phrase qui m'est venue à l'esprit. Et puis, je pense à Frida nous quittant, le visage fermé, sans un mot quand nous sommes arrivés au centre, et qui se retrouve seule avec sa mère dans une maison vide, tant qu'il paraît que Torsten a réquisitionné en hâte quelques meubles en prévision de la venue de madame Björck :

« Torsten a pris la décision d'acheter et d'emprunter des meubles et quelques affaires indispensables pour que la maison de Frida ait l'air de quelque chose. »

Ingrid se dépêche de rétablir la vérité :

« Sa maison était pratiquement vide. Elle dormait sur un matelas posé à même le sol et vivait dans une seule pièce. Je le sais parce que j'y suis entré avec l'équipe chargée d'amener les meubles. Torsten m'avait demandé au téléphone de m'assurer que ce soit bien fait. »

Belle preuve de confiance de sa part :

« J'ai eu l'impression que personne n'y vivait. »

Pourtant, Frida jouit de revenus plus que suffisants pour une personne seule. Torsten paie bien, surtout les spécialistes, et le loyer qu'il demande pour les maisons est plus que raisonnable dans ce lotissement propret :

« En fait, je ne crois pas qu'elle avait envie de rester, qu'elle était prête à se poser. »

Je me rends compte que tout ce temps passé avec elle ne m'a pas appris à connaître Frida qui reste un mystère pour moi, écrasée par sa mère, qui sait très bien cacher ce qu'elle ressent et parle très rarement d'elle-même. Je la sais très marquée par un mariage qui a été dramatique. Qu'elle a subi des maltraitances par un infâme dont je ne connais quelques détails que par son incorrigible mère, mais qui font froid dans le dos et je ne peux qu'y penser quand je la revois le lendemain, plus triste et plus renfermée que jamais, assister à la réunion du matin, la première depuis notre retour et au cours de laquelle nous évoquons, en comité restreint, les problèmes posés par les bavardages de madame Björck :

« Je suis désolé, Frida, ta mère est une femme charmante et tu sais comme nous t'aimons ici au centre, mais il est utopique d'espérer que ta mère garde un tel secret et ça pourrait avoir de lourdes conséquences pour l'avenir. »

Torsten est gêné de parler ainsi à Frida de sa mère, mais celle-ci comprend parfaitement et sait ce qu'il en est :

« Je connais ma mère, Torsten, et je comprends le problème alors, si je dois être franche avec vous, je pense aussi ma mère ne gardera pas un tel secret pour elle. Ce n'est pas la peine de lui demander, ce n'est pas la peine de l'espérer. »

Elle aurait pu nous avertir un peu avant, mais je n'ai pas l'intention de lui faire de reproches, elle est trop touchée par une réalité qu'elle n'avait pas voulu voir :

« Et toi, Sigurd, tu en penses quoi ? »

Pour ma part, la décision ne nous appartient pas et, quand Torsten m'interroge à ce sujet, je ne peux que lui faire part de cette réalité :

« Ce que nous avons fait, nous devions le faire, sinon l'existence même du centre n'aurait aucun sens. Nous savons maintenant, grâce à Frida, qu'il existe sans doute d'autres hybrides et avons une piste pour les trouver, que nous devons la suivre. Pour le reste, ceux qui doivent savoir ont tous les éléments et prendront une décision en connaissance de cause. »

Mais, après la réunion, je demande aussi à Torsten une audience privée, qu'il m'accorde aussitôt :

« Je m'attendais à cette demande, Sigurd, tu m'as paru si perturbé pendant cette réunion. »

Mais ce n'est pas tant à cause de madame Björck, des näcken et de la menace qui pèse sur les terriens, mais pour une raison qui m'est apparue évidente après ma discussion avec Ingrid et me fait craindre le pire :

« Ce n'est pas au sujet des näcken que je m'inquiète, ils sauront bien prendre une décision, mais au sujet de Frida... »

Torsten hoche la tête sombrement pour montrer qu'il a compris :

« Je suis d'accord avec toi, Sigurd. Je vais alerter Ida et avec toi, nous ferons de notre mieux pour la surveiller de près... »

Mais il sait très bien que ça ne suffira pas :

« Nous n'avons pas de psychiatre au centre mais un médecin du travail que je vais aviser de la situation et nous tâcherons de ne pas la perdre de vue, même quand tu seras occupé ailleurs. »

Je ne sais si je ressors rassuré ou plus inquiet encore de cet entretien et je retrouve Frida dans ce bureau qui nous est devenue comme notre refuge secret, comme notre petite chambre, à l'arrière du bateau :

« J'ai été très émue quand tu m'as défendue lors de la réunion. »

Je ne sais quoi dire, ni quoi penser de cette décision qui est à la fois une avancée et un prise de risque, mais je décide de ne garder que les éléments positifs de l'affaire :

31

« Que ta mère soit bavarde, c'est une chose, mais nous ne pouvions pas laisser passer une piste aussi importante, comme il faut l'étudier de près maintenant et apprendre . »

Frida est heureuse, simplement heureuse comme peuvent l'être les gens qui ont connu de rudes épreuves quand ils connaissent le moindre bonheur :

« Je suis contente que tu sois toujours avec moi même après avoir retrouvé ta femme. »

Puis, après ce doux aveux, elle devient plus professionnelle :

« En ce moment, ma mère est à la radio. Je dois aller l'examiner, mais je souhaiterais que tu viennes avec moi. Ton expérience en matière de respiration hybride me sera précieux. »

Effectivement, ça peut être intéressant et nous-nous rendons sans attendre au cabinet médical où nous trouvons madame Björck, un peu gênée d'être exposée en sous-vêtements, même si c'est pour des raisons expérimentales qu'elle a accepté. J'ai l'impression diffuse que Frida prend une petite revanche à prendre dont je ne connais pas l'origine. En tous cas, elle ne fait rien pour minimiser l'effet de cette exhibition car elle s'empresse de sortir et me laisser seul avec elle :

« Je vais examiner les radios, tu t'occupes d'elle pendant ce temps. »

Comment veut-elle que je m'occupe de sa mère ? En tous cas, c'est encore une belle femme malgré quelques rondeurs et les effets de l'âge. Mais je ne pense pas que c'est de ça que Frida parlait. Ne sachant que faire, je lui demande :

« Respirez par la bouche, s'il-vous-plaît. »

Même en culotte, madame Björck est de ces femmes qu'on ne tutoie pas facilement. Par contre, et pour la première fois depuis que je la connais, elle est muette. Elle respire, ainsi que je le lui ai demandé et je ne remarque rien, sinon qu'elle a une poitrine superbe :

« Respirez par saccades, comme pour avaler un maximum d'oxygène. »

Je m'installe derrière un bureau et prends des notes, histoire de me donner constance, car je n'ai rien de particulier à noter :

« Merci. Maintenant, arrêtez de respirer le plus longtemps possible. »

Madame Björck, qui ne comprend pas bien la raison de ces examens, sinon que ça aide sa fille dans des recherches ultra-secrètes, obéit avec discipline, et je chronomètre. Mais ce qui m'intéresse c'est de comparer avec mon propre vécu, sa reprise de respiration normale. Pourtant, j'attends le retour de Frida pour m'attaquer à ce qui serait plus significatif :

« Est-ce que vous avez déjà pris des bains d'eau froide ? »

Comme beaucoup de suédois vont au sauna, et il leur arrive, après avoir subi des températures très hautes, de prendre des douches froides, ce qui est bon pour la santé. Même les enfants sont exposés au froid pour renforcer leurs défenses immunitaires. Le corps humain, immergé dans le froid, doit immédiatement réguler sa température et créer de la chaleur pour compenser, et rester à la bonne température. Ainsi, il brûle des calories pour rester à la bonne température. Mais ces quelques douches à quinze degrés n'ont rien à voir avec avec un bain prolongé dans l'eau glacée qui signifierait l'hypothermie et donc la mort. C'est pourtant ce que Frida veut tenter :

« Je pense que ce serait intéressant, et nous pourrions mesurer sa température corporelle et ses réactions cliniques en temps réel, comme je l'avais fait avec toi mais dans de meilleures conditions et avec la possibilité d'intervenir rapidement en cas de besoin. »

Avoir envie de plonger sa mère dans l'eau froide est tout de même un étrange fantasme mais elle est aussi décidée que sa mère, vaincue, est prête à tout accepter, mais je crois qu'elles en ont déjà discuté ensemble, et même que sa mère savait déjà, avant de quitter Göteborg, qu'elle venait au centre pour aider sa fille dans ses recherches. Frida a tout préparé et elle enchaîne vivement :

« Sven a équipé une salle avec une baignoire et tout ce dont nous aurons besoin pour nos essais, et même du matériel de réanimation, en cas d'incident. »

Ajoutant tout de même :

« Mais nous ne prendrons aucun risque, ne t'inquiète pas. »

Elle tend une blouse à sa mère et nous-nous rendons dans cette fameuse salle marquée par une pancarte :

« Salle d'expérimentations thermiques. »

L'intérieur est assez impressionnant à cause du nombre d'appareils de mesure qui entourent la baignoire où Frida fait couler l'eau après avoir demandé à sa mère de se déshabiller. Un moment difficile pour cette femme pudique :

« Je dois te poser des capteurs sur le corps et tes sous-vêtements vont me gêner. »

J'aurais dû, à ce moment-là, proposer de sortir, mais je ne l'ai pas fait, un peu excité à l'idée d'assister à cet effeuillage pudique et qui n'est, en vérité, pas si nécessaire que ça. Madame Björck retire sa blouse, puis, après un instant d'hésitation, son soutien-gorge, laissant tomber une poitrine lourde, qu'elle protège aussitôt de ses mains tandis que Frida revient vers elle :

« Nous allons te poser des capteurs afin de surveiller ton état pendant l'expérience et être en mesure d'intervenir à tout moment. »

Et, tandis qu'elle commence, elle se tourne vers moi :

« Sigurd, si tu veux bien lui retirer sa culotte, il ne faut pas qu'elle ait le moindre vêtement sur elle. »

Je m'agenouille donc et, le nez sur son ventre, je fais glisser le dernier rempart qui protégeait encore sa pudeur. Je dois avouer que la situation commence à m'émouvoir d'une manière qui n'a rien de scientifique et que je ne mets aucune hâte dans mon ouvrage, caressant au passage hanches et cuisses soyeuse et profitant honteusement d'une vue imprenable. Mais l'expérience doit continuer et je dois garder mon calme. Madame Björck entre dans la baignoire, un peu hésitante et les fesses tremblotantes :

« Décris-nous ce que tu ressens. »

Décidément, je n'ai jamais vu cette noble dame aussi silencieuse. C'est tout juste si elle répond timidement :

« Ça va. »

Frida ordonne alors, implacable :

« Alors, tu peux t'allonger dans la baignoire. »

Elle obéit et se met dans une eau qu'un thermomètre indique comme étant à trois degrés. Mais elle ne semble pas ressentir le froid et sa seule réaction est de mettre ses mains sur ses seins et son pubis pour les masquer à ma vue. Frida commente :

« Aucune réaction physique, la température corporelle est normale, le pouls a juste un peu descendu mais sans approcher du seuil critique et les constantes sont normales... »

Il est vrai que, cette fois-ci, on peut se poser des questions. Mais Frida a déjà la réponse qu'elle me livre après que nous-nous soyons un peu isolés :

« Pas de doute, nous ne nous sommes pas trompés. Un être humain ordinaire n'aurait pas pu tenir si longtemps à une telle température et aurait montré des signes d'hypothermie. »

Il ne reste plus qu'à connaître son comportement sous l'eau et on sera fixés :

« Sigurd, tu peux l'aider à sortir et lui retirer les capteurs ? »

J'obéis puis, quand j'ai terminé, je lui tends une serviette. Je sens Frida très excitée par cette découverte :

« Si tu veux bien, maman, tu feras une plongée sans équipements. N'aie pas peur, Sigurd sera avec toi et c'est un spécialiste. »

Ceci fait, elle rend son peignoir à sa mère :

« Si tu veux bien me suivre, tu vas rester te reposer sous surveillance au cabinet médical, nous, nous allons rendre compte. »

Torsten se montre très satisfait par l'expérience. Il faut dire que c'est un grand pas en avant, même si ça ne résout pas tous les problèmes :

« Les näcken ont sans doute raison. Ainsi, nous aurions un troisième hybride et des pistes pour en trouver d'autres. Je suis d'accord pour faire une plongée demain mais sans prévenir encore ton contact. »

Ce en quoi je suis tout à fait d'accord :

« De toutes façons, je ne sais pas encore ce que le conseil décidera et je dois attendre pour une prise de contact directe. Mais au-moins, elle sera prête. »

Très satisfaits par notre expérience, nous retournons poser quelques documents dans notre bureau. C'est alors que Frida ferme la porte a clé et me demande :

« Je t'en prie, Sigurd, je n'en peux plus. »

Comment résister à une telle invitation. d'autant plus que, dans le même temps, elle se déshabille méticuleusement :

« J'ai cru que j'allais te demander de me prendre dans la salle d'expérience... »

Quand nous avons terminé ce qu'il n'est pas nécessaire de décrire, je lui demande, intrigué, ne pouvant ignorer ce qui l'a excitée :

« Pourquoi tenais-tu donc tant à ce que je vois ta mère nue ? »

Elle ne répond pas mais je sais déjà qu'il s'agissait d'une vengeance, qu'un lourd contentieux existe entre les deux femmes qui, pourtant, s'aiment beaucoup...

IV

« Voilà, tu sais tout. »

La veille, juste après un moment câlin et avant de nous rendre au réfectoire pour déjeuner, Frida m'avait raconté l'origine de cette rancune qu'elle avait contre sa mère et qui avait motivé cette vengeance inattendue :

« J'aime ma mère et je n'avais rien préparé de ce qui s'est passé tout à l'heure, et puis tout est revenu d'un coup, comme une sorte de pulsion alors que me revenaient en tête ces souvenirs refoulés. »

Et puis, tranquillement, encore nue entre mes bras, elle avait commencé à se confier :

« Ma mère était une femme autoritaire qui voulait tout décider à ma place et se souciait peu de mes avis. Il fallait en passer par ce qu'elle voulait et n'hésitait pas à me donner la fessée dès que je n'agissais pas selon ses vœux. »

Mais leur conflit ne s'était pas arrêté quand Frida avait atteint l'âge où la fessés n'est plus qu'un plaisir de couples :

« Quand j'ai choisi de faire des études de médecine, elle m'a menacée de me couper les vivres. Elle était furieuse parce que je n'avais pas choisi de reprendre leur cabinet, mais le métier de dentiste m'avait toujours dégoûté. »

39

Ce qui peut se comprendre, car si il y a de belles bouches aux dents propres et soignées, ça ne doit pas être toujours le cas et il doit falloir souvent travailler dans des cavités malodorantes. Mais je m'étais gardé d'interrompre ses confidence dont le flot ne faisait que s'ouvrir lentement :

« Au début, je ne voulais même pas faire médecine, je voulais faire du dessin, mais ma mère avait trouvé qu'il n'était pas sérieux que je fasse de telles études, c'est pour ça que j'avais décidé d'entrer à la faculté de médecine. »

Il faut bien, parfois, que les parents aient quelques exigences et qu'ils les poussent un peu si ils veulent que leurs enfants aillent un peu plus loin que l'école primaire. Mais madame Björck avait fait un pas de trop :

« Et puis, elle a organisé mon mariage avec le fils d'une de ses clientes parce que le père était médecin et que ça pourrait m'aider dans mes études. »

Hélas, si on est acteur ou chanteur de père en fils, on n'est pas toujours médecin parce que son auguste géniteur l'a été, bien que ça facilite les choses si celui-ci tient son rôle. Les parents ne sont que des commerçants qui étalent la marchandise. Ce sont les enfants qui font leur choix et, même si ce n'est pas le produit du jour, il faut bien l'accepter, ce qui ne semblait pas être le cas de sa mère :

« Jamais je n'aurais dû accepter, mais c'était pour moi la possibilité de quitter le domicile familial, où ça devenait infernal, et d'être libre. Je n'allais pas tarder à le regretter. »

Ainsi, voilà comment les choses s'étaient passées et la raison de cette rancune enfouie contre l'instigatrice de ce mariage dont elle ne voulait même pas parler :

« Et ton père dans tout ça ? »

Elle m'avait répondu avec une moue qui traduisait autant de déception que de mépris :

« Mon père était totalement dépassé et ne se mêlait jamais de nos conflits. Je crois que ma mère l'a totalement écrasé. »

Nous étions allés déjeuner et elle était un peu plus gaie, ou plutôt, un peu moins triste que d'habitude. L'après-midi, j'avais été travailler à l'atelier où je devais faire la décoration en bois de notre distributeur et recycleur sans matières plastiques dont le système avait été très amélioré ainsi que la qualité des tasses qui devaient être fabriquées dans une matière à la fois lavable et biodégradable par une société spécialisée :

« Bien sûr, ça augmente le prix du café ou du thé, alors, nous avons aussi amélioré la qualité des produits pour justifier les prix. »

Et puis, il y avait des variantes, ce que m'expliquait l'un des concepteur à l'esprit très commercial :

« Sans tasse, si on apporte son propre gobelet, le café sera moins cher, et le gobelet rapporté sera remboursé. Il sera nettoyé ensuite avec des produits écologiques, mais dans des entreprises spécialisées et non par la machine, ce qui préservera aussi l'emploi. »

Le premier projet s'était révélé trop ambitieux et il avait tout fallu revoir à la baisse tout ce qui avait été envisagé dans l'euphorie :

« Si nous voulons fabriquer ces machines en série, il faudra tirer au maximum sur les coûts, c'est pourquoi ton travail devra être assez simple pour pouvoir être copié en série après avoir été traité par thermochauffage. »

Il fallait tenir compte de tous les paramètres économiques, et l'habillage de bois devait être simple et efficace pour pouvoir être refait sans trop de difficultés, mais aussi assez évocateur du but recherché. J'avais donc opté pour un poisson dont la queue formerait les pieds et certaines écailles seraient les boutons de commandes et les endroits pour mettre pièces ou carte de paiement, une des nageoires étant l'espace pour mettre le gobelet et l'autre pour le rendre après usage. En fait, les seules fantaisies que je m'étais accordées avaient été le sourire du poisson et l'expression de son œil, mais le responsable du projet était enchanté :

« C'est parfait, Sigurd, un travail de génie ! »

Mais pour l'instant, il n'était qu'une maquette et je devais en réaliser un exemplaire en chêne qui serait offert au roi. De plus, mon travail devait s'ajuster parfaitement sur le mécanisme intérieur, ce qui n'était pas le plus aisé. Mais j'avais le temps pour ça, et ça, d'autant plus que le modèle de base n'était pas encore conçu à cause de problèmes pratiques et techniques qui n'étaient pas résolus :

« C'est un peu comme si j'habillais quelqu'un sans connaître sa taille. »

Frida était triste à cause de cette séparation, utile ou pas, et bien qu'elle ne soit prévue que le temps nécessaire pour que je puisse terminer mon œuvre. Elle travaillera pendant ce temps avec Ida, au laboratoire. Mais cette séparation diurne, venant s'ajouter à ses nuits désormais solitaires, n'avait pas contribué à lui rendre le moral. Aujourd'hui, pourtant, nous sommes à nouveau ensemble, sur le bateau, bien qu'avec Ida et sa mère :

« Dès que tu es prête, nous plongeons. »

Dire qu'elle est prête, c'est beaucoup s'avancer. La pauvre femme, que nous encadrons sévèrement sur le pont, n'est pas très rassurée à l'idée de plonger sans rien pour respirer, à l'idée de plonger tout court, d'ailleurs, alors que sa fille porte masque et bouteilles d'oxygènes :

« Mais tu sais bien que je ne sais pas nager. »

Ce n'est pas ce que nous attendons d'elle, mais Frida tente de la rassurer :

« Ne t'inquiète pas, maman, Sigurd sera avec toi, et il a l'habitude. Et puis, je pourrai te donner de l'oxygène en cas de besoin. »

Avec l'espoir qu'elle n'en aura pas besoin, parce que, si elle rate son coup et suffoque, il sera beaucoup plus difficile de la persuader de recommencer. Cette fois-ci, le moment fatal approche et Frida, impitoyable, ordonne :

« Sigurd, tu la prends dans tes bras et vous plongez. »

Ce que je fais avant qu'elle ait eu le temps de se raidir, l'entraînant dans ma chute et la gardant ainsi contre moi bien serrée. Mais nulle pensée d'érotisme, nous portons des maillots de bain très sages et avons d'autres soucis. Nous-nous enfonçons lentement. Aussitôt, je modifie ma respiration, presque sans y penser et m'aperçoit avec plaisir que, m'imitant, madame Björck en a fait autant, sans s'en apercevoir :

« Vous voyez, ça se passe bien. »

Je fais un signe du pouce pour rassurer Frida qui nous a rejoints et nous nageons désormais ensemble. Madame Björck s'est détendue. Un peu étonnée par ce qui lui arrive et n'osant pas y croire. Je lui parle, sans aucun appareil, comme je le faisais avec Dora :

44

« Vous voyez, tout se passe bien. »

Frida filme sa mère en train de nager. Dès leur retour au centre, ce film sera analysé en détail pour essayer de comprendre comment s'opère ce changement, en particulier, lors de la deuxième modification de respiration, la plus pénible. Ce sera la première fois que je devrai l'expliquer à une néophyte et je me rappelle les conseils de Dora. Mais, au-moins, n'étant pas descendus profondément, nous n'aurons pas de problèmes de décompression :

« Nous allons retourner sur le bateau, madame, et il vous faut reprendre une respiration terrestre. C'est la partie la plus difficile et elle est un peu angoissante, mais, rassurez-vous, ça se passera très bien, je la fais régulièrement et sans avoir le moindre souci. »

Je fais signe à Frida que nous allons remonter à la surface et je reprends sa mère dans mes bras avant de lui expliquer ce qu'elle doit faire :

« À trois, vous fermez la bouche et vous respirez fort par le nez. Ensuite, vous attendez que je vous lâche pour remonter en donnant un brusque coup avec les jambes. »

Je précise tout de même :

« Vous allez avoir l'impression de suffoquer parce que vous aurez alors repris une respiration terrestre mais c'est tout à fait normal, et il ne faut pas paniquer. »

45

Je ne sais pas comment monsieur Björck apprécierait une vidéo dans laquelle je tiens son épouse aussi étroitement dans ses bras, quoique, si j'en crois ce que m'a dit Frida à son sujet, je crois qu'ils s'en moquerait :

« Une fois hors de l'eau, dès que vous aurez pris une grande aspiration, vous nagez vers le bateau, l'échelle de corde est facile à trouver. »

C'est exactement ce que Dora m'avait dit, alors que nous étions au large de Tahiti, et, si je n'avais pas eu vraiment peur, c'est qu'elle ne m'avait pas laissé le temps de réfléchir. C'est ce que j'ai décidé de faire, entamant immédiatement le compte à rebours :

« Attention, à trois ! Un, deux, trois ! »

Nous fermons la bouche ensemble, mais elle ne réussit pas à la garder ainsi. Il faut dire que ce n'est pas dans son caractère. Alors, comme je risque d'atteindre mes limites d'apnée, je plaque ma bouche sur la sienne de manière totalement hermétique. Elle tente de résister, mais c'est plus par panique que par d'égout puis, par réflexe, n'ayant plus d'autre choix, elle aspire enfin de l'eau par le nez et commence à suffoquer. Je ne tarde pas à donner une poussée pour nous faire jaillir hors de l'eau. Enfin, quand nous sommes à la surface, Je lui donne un coup sur le ventre qui lui fait cracher de l'eau :

« Comment allez-vous ? »

Elle aspire une grande bouffée d'air et, sans me répondre, se laisse guider jusqu'à l'échelle de corde du bateau sur lequel je l'aide à monter, lui mettant, sans vergogne, la main aux fesses pour la pousser :

« C'est bon, vous ne vous êtes pas trop mal débrouillé pour une première fois, mais il faudra vous entraîner. »

Je la sens un peu sonnée mais heureuse après cette expérience réussie contre toute attente :

« Allons prendre une douche, vous avez besoin de vous reposer. »

Frida en profite pour nous demander ce que j'avais refusé la dernière fois :

« J'ai préparé des sacs, vous mettrez vos maillots de bain dedans pour que nous puissions les analyser. »

Ce dont il avait été souvent question mais qui n'a jamais été fait. Sur le pont, Frida plaisante tandis que sa mère prend sa douche :
« J'ai maintenant une vidéo très compromettante sous la main, si tu ne fais pas ce que je veux. »

Je rétorque en riant :
« Si ton père n'est pas ceinture noire de karaté, ça ne me gêne pas. »

Car je sais qu'Ingrid ne serait pas jalouse, ce qui semble être aussi le cas de son père :

« Non, il préfère lire dans un bon fauteuil. Par contre, il risque de t'obliger à la garder. »

47

Sa mère, sortant de la douche, interrompt la discussion et, tandis que Frida prend sa place, je lui demande ses impressions :

« Alors, ça vous a plu ? »

Pour moi, cette expérience est essentielle, alors je sais que ça grogne au fond des eaux et qu'ils attendent de nous des progrès substantiels pour calmer les velléités extrémistes d'un peuple en grand danger :

« C'était assez fascinant. Au début, j'avais très peur mais après, j'ai trouvé ça trop court et j'ai envie de recommencer. »

Torsten organise une réunion de niveau un dès notre retour :

« C'est une grande nouvelle. Nous sommes maintenant certains qu'Heidi est hybride, mais il va falloir trouvé d'autres points communs entre elle, Dora et Sigurd. »

Sur ce point, nous sommes tous d'accord. Pourtant, il est bien difficile de trouver un point commun entre Dora et madame Björck, si ce n'est le fait qu'elles n'ont pas connu leurs parents, ce qui est un indice bien mince. Mais Frida a déjà réfléchit à la question :

« Je pense à un questionnaire médical, psychologique et social approfondi. Nous avons deux éléments, il doit en exister d'autres qui nous permettrons d'affiner très nettement nos critères de recherche. »

Effectivement, car on ne va pas tremper tous les orphelins dans l'eau glacée, il y a des choses qui ne se font pas :

« D'accord. Frida, je te charge de ce travail, et, comme Sigurd est pris en ce moment, je m'en occuperai avec toi. »

Il a l'habitude d'auditionner les gens pour savoir ce qu'ils sont au fond d'eux-mêmes, un peu comme les näcken et, si il y a quelque chose à trouver, il trouvera. Pour ma part, je suis pris pas la réalisation de ce fichu distributeur de café qui a tant souffert des contraintes techniques et financières qu'il n'est plus ce qu'il voulait être. Et puis, j'ai une autre mission essentielle, je dois revoir Emma pour lui dire ce qu'il en est et savoir ce qui a été décidé :

« Je dois replonger pour savoir ce qui a été décidé au conseil. »

Étant donné la tension existante entre les occupants des eaux et les humains, il n'est pas conseillé de les laisser en plan en ce moment. Torsten décide :

« Demain matin, vous referez une plongée, histoire qu'elle se sente tout à fait à l'aise dans cet élément si jamais elle doit rencontrer les näcken. Ensuite, dès qu'elle sera remontée, tu iras retrouver ton contact. »

Comme je suis d'accord et, comme il est l'heure du déjeuner, Torsten met fin à la discussion :

« Et maintenant, allons manger ! »

Je passe l'après midi à travailler sur mon poisson qui doit être présenté lors d'une visite du roi en fin de semaine. Pourtant, reste le problème des gobelets, et, dans ce domine, le constat n'est pas enthousiasmant. Le lavage d'un gobelet nécessite huit centilitre d'eau, des produits nettoyants et l'énergie consommée pour le lavage est de deux watt par gobelet et de neuf pour le séchage. Quant aux gobelets en carton, leur fabrication nécessite plusieurs décigrammes de pétrole et revient très cher. Pourtant, l'un des concepteurs a eu une idée en lisant un article de revue parlant d'une une matière inattendue mais pourtant très logique :

« Une société allemande, Leaf-republic, a créé de la vaisselle entièrement conçue à partir de feuilles d'arbres*. »

Et la Suède ne manque pas ni d'arbre, ni de feuilles...

* Concept mis au point par Pedram Zolghadri et Carolin Fiechter

V

« J'ai téléphoné à la leaf republic et nous avons rendez-vous demain à Taufkirchen pour parler des bases d'un partenariat. »

Cette découverte change les plans de Torsten qui a organisé une réunion immédiate avec les concepteurs et qui retarde la construction du fameux distributeur que nous devions présenter lors de la visite du roi au centre et dont je devais faire l'habillage du premier exemplaire qui serait offert à sa majesté :

« Même si nous avons théoriquement les moyens de le faire seuls, nous avons besoin de partenaires pour lancer notre projet sans trahir nos financements et un certain nombre de secrets que le centre ne doit pas dévoiler. »

Pour le SfocUnh, c'est un échec total. Ce distributeur devait devenir sa vitrine écologique et sur lequel ils avaient beaucoup investi ne sera qu'un vulgaire distributeur dont la seule qualité écologique sera due à l'intervention d'une autre entreprise. Mais ce n'est pas pour me déplaire, ni à Frida qui n'aimait pas ce projet, surtout quand Torsten annonce :

« Sigurd, pendant ce temps, tu continues tes plongées et tu aides Frida dans son travail de recherches, il faut qu'on avance sur l'essentiel. »

51

Car, dans l'enthousiasme un peu naïf qu'elle avait fait naître, cette histoire de distributeur a fait passer l'accessoire au premier plan. Non qu'il ne soit pas important de trouver d'urgence une alternative à l'utilisation du plastic, mais que ce ne soit pas la mission première du centre qui n'a pas les capacités industrielles, ni la structure commerciale pour gérer une telle opération, avec ce qu'implique sa distribution :

« Si nous pouvons signer un accord, ils fabriquent les gobelets et nous leur offrons un marché en Suède. »

C'est bien tout ce qu'il peut leur offrir car la construction en série des distributeurs devra être faite par une troisième entité qui se chargera de les commercialiser :

« Il faut bien avoir des rêves, et nous aurons certainement d'autres idées qui n'aboutiront pas, et pourtant, si nous ne continuons pas à croire en l'impossible, nous ne ferons jamais rien. »

La science n'est qu'un subtile mélange de créativité naïve et de pensée cartésienne. Cette belle idée s'est écroulée devant le mur des réalités et il ne sera plus question de gobelets réutilisables, mais l'aventure ne se termine pas pour autant. Nous regagnons notre bureau pour entamer notre mission où Frida ne se préoccupe que de cette opération, surtout parce qu'elle la réalise avec moi :

« Au travail. Nous allons mettre en place notre questionnaire. »

Je suis son premier cobaye, ce qui n'est pas sans la motiver et, derrière son ordinateur, elle déclare sur un ton solennel :

« Il faut voir ce qui te caractérise parmi les autres êtres humains. »

Comme je ne vois pas trop, elle suggère :

« Par exemple, une insatiable sexualité qui serait sans doute liée à un taux de testostérones particulièrement élevé. »

Ajoutant avec un sourire ambigu :

« Ce dont je suis loin de me plaindre. »
Comme par hasard, c'est le seul exemple qu'elle a trouvé. L'ennui, c'est que, étant le seul connu de mon espèce va être difficile de me comparer, pour le moment, à un autre individu mâle. Pour les femmes, cette même hypothèse est beaucoup moins convaincante :

« Dora ne faisait ça que par devoir, et non par plaisir, et ta mère n'a rien d'une nymphomane, enfin, que je sache. »

Bref, rien ne dit qu'un autre hybride mâle présentera la même caractéristique :

« J'ai l'impression que toutes les pistes s'écrasent sur le même mur, et même cette question de ne pas connaître ses parents ne peut être qu'un hasard dans cet échantillon limité de trois personne. »

53

Frida avait examiné nos trois dossiers médicaux, sans rien m'en révéler, bien sûr, sauf que, sur ce plan, nous n'avons rien de particulier en commun qui puisse être une piste quelconque :

« Nous allons interroger Dora. »

Dora, que nous avons convoquée par téléphone, tourne dons le centre comme une prisonnière depuis son arrivée. Il est vrai que, tant qu'elle n'aura pas accouché, elle n'a pas le droit d'aller dans l'eau ni de sortir du centre où elle est en observation mais aussi, l'une des expériences les plus secrètes qu'on y fait. Nous la voyons entrer dans le bureau et je trouve sa grossesse étonnamment avancée, alors qu'elle n'est pas bien ancienne, mais je n'y connais rien :

« Nous allons entrer ces données dans le programme mais, à première vue, je ne vois rien de particulier qui puisse nous faire avancer. »

L'entretien avec Dora n'a abouti à rien, sinon à constater qu'elle est très dépressive et s'ennuie dans le centre alors qu'elle a pris l'habitude de se promener dans des espaces infinis :

« Nous aurions eu le même résultat en parlant avec un aventurier qu'on aurait mis dans une cage. »

Comme pour les humains terrestres, puisqu'il faudra apprendre à faire la différence, c'est la vie qui se charge de construire les individus tels qu'ils sont :

« Il nous faudrait un hybride vierge de toute culture qu'on étudierait dont dans son élément d'origine. »

C'est alors que Frida a cette réplique qui me fait sursauter :

« Il faudra que tu fasses un enfant à maman. »

Cette idée, et surtout sa manière de me la dire, me fait rire :

« J'en connais un qui va faire une drôle de tête quand il va apprendre qu'il va être père. »

Pourtant, il n'y a pas beaucoup d'autres solutions. Étudier une nouvelle génération née au centre et éduquée dans le même cadre et selon les mêmes principes. Il est évident que l'union d'un hybride avec un être humain totalement terrestre donne un résultat qui ne présente qu'une partie infime des caractéristiques spécifiques aux hybrides et que ça doit diminuer avec le temps. d'où la conclusion de Frida :

« Les hybrides son condamnés à disparaître si ils ne se reproduisent pas entre eux. »

Ce qui voudrait dire que les hybrides sont sans doute devenus très rares, éliminés à cause de leur reproduction avec ce que Frida a classifié comme les terrestres, elle faisant partie des métis :

« De plus, si ils sont dispersés à travers le monde, ça ne va pas nous faciliter la tâche. »

Pour Frida, cette dispersion n'est pas certaine, et elle a une théorie à ce sujet :

« Dora et ma mère sont nés en Suède et toi, tu as été attiré malgré toi vers ce même pays. Ça peut ne pas être un hasard et il est possible que les derniers hybrides tentent instinctivement de se regrouper dans une zone très précise. »

Ce qui est une théorie intéressante mais reste très aléatoire. En tous cas, vrai ou non, ce sera plus pratique pour les recherches :

« Quoi qu'il en soit, il faudra que tu fasses un enfant à ma mère. C'est le seul moyen de sauver les hybrides. »

Elle semble y tenir et je n'ai rien contre, mais il faudra attendre l'avis de l'intéressée. Nous classons les informations selon les thèmes des sujets abordés enfin de faire des comparaisons. mais Dora ne nous a rien appris qui puisse nous faire avancer. Elle n'a guère vécu que dans cet orphelinat où elle avait été placée après avoir été découverte, tout bébé, sans aucune information sur ses origines :

« C'est comme pour ma mère, elle ignore tout de ses parents, son prénom a été choisi par le personnel de l'orphelinat et sa date de naissance est celle où elle a été trouvée. »

Car il arrive que les origines des orphelins soient connues, par exemple, dans le cas de parents décédés peu après la naissance, ou que la mère ait laissé un petit mot avec le nourrisson qu'elle a abandonné :

« Moi aussi, mon nom et mon prénom m'ont été donnés après ma découverte. »

À cette exception près que devant ma date de naissance, il a été mentionné :

« Inconnue. »

Parce que je ne fais guère crédible en bébé de un an et demi. Nous sommes un peu découragés quand une information de taille va nous arriver depuis le laboratoire qui procédait à nos analyses de sang qui vient d'appeler :

« Ça alors, c'est formidable ! »

Je me doute qu'il s'agit d'une information de taille au ton de la voix de Frida, qui a répondu au téléphone, et j'attends la fin de la conversation pour en savoir plus :

« Ils ont fait des analyses ADN qui ont révélé que vous aviez tous trois une correspondance parfaite. »

La probabilité d'une correspondance d'ADN entre deux individus non apparentés est d'environ une sur un milliard et descend à une sur dix mille Pour deux frères ou sœurs. Seuls les jumeaux identiques présentent exactement le même profil d'ADN. Mais, si on peut imaginer que je sois le frère jumeau de madame Björck, nous avons sensiblement le même âge, c'est beaucoup moins évident avec Dora qui a plus de vingt ans de moins que moi. Et même, trois personnes ayant un ADN identique, ça reste exceptionnel :

57

« Au laboratoire, ils ne suivaient pas du tout cette piste, c'est pour ça qu'ils n'ont découvert cette particularité que maintenant. »

En tous cas, c'est une avancée, même si le problème reste entier :

« L'ennui, c'est que nous ne pouvons guère demander à tous les habitants de la Suède de se soumettre à une analyse

Dans la plupart des pays, il faut avoir commis un délit plus ou moins grave et souvent, à caractère sexuel, pour que son ADN soit dans une base de donnée, et en Suède seules les personnes ayant commis une infraction pénale et ayant passé plus de deux années en prison sont enregistrées. De tous les pays d'Europe, seul le Portugal envisage d'introduire une base de données ADN pour ficher l'intégralité de sa population, mais ce n'est pas encore fait. Pourtant, Frida a une idée :

« Nous pensons que les hybrides sont orphelins. Nous pourrions donc nous rendre dans quelques orphelinats du pays pour y faire des prélèvements... »

Je ne sais pas si c'est légal, ni très éthique mais, au-moins, nous n'aurons pas de souci avec les parents. Frida ajoute :

« Sous prétexte de donner des pistes pour les enfants pour lesquels il n'y a aucune information concernant leurs origines. »

Ça risque de ne pas être facile à mettre en place, pour des raisons purement juridiques et, de toutes façons, il n'est pas question de prendre une telle initiative sans en référer à Torsten. Frida, qui n'est pas femme à retarder une décision, s'est déjà levée :

« Torsten n'est pas encore parti. Il faut aller le voir immédiatement. »

Je la suis et, peu après, nous-nous retrouvons dans le bureau de Torsten à qui elle explique la découverte et nos déductions, et qui nous donne la réponse à laquelle nous-nous attendions :

« Je ne peux rien faire sans avoir consulté un juriste à ce sujet. Nous verrons ça dès mon retour. Essayez, par contre, de savoir si ces caractéristiques ADN se rapportent à une origine particulière. Rien ne t'interdit de faire, toi-même, des recherches sur tes origines, mais uniquement à titre personnel. »

Les profils ADN diffèrent suivant les origines géographiques. Ce qui permet ainsi d'en savoir plus sur les époques et lieux de migrations de divers groupes ethniques. Je me souviens que des tests ADN avaient été faits sur moi, quand j'avais été trouvé dans l'aéroport de Roissy et qu'il n'avaient rien donné, au grand étonnement de ceux qui me suivaient alors :

« Je n'ai de parenté avec aucun groupe ethnique connu. »

59

Je ne l'avais appris que plus tard. À l'époque, on m'avait caché cette réalité que je ne n'avais pas, de toutes façons, la maturité et la culture pour comprendre. C'est une indiscrétion, une discussion entre deux scientifiques du centre qui étudiaient mon dossier et que j'avais surprise par hasard qui me l'avait apprise. La conclusion est tentante, et Frida saute le pas avec son agilité d'esprit coutumière :

« Les hybrides seraient une espèce particulière mais capable de se reproduire avec les autres humains. Ou alors, une lignée qui ne ferait pas partie d'un haplogroupe connu. »

Frida m'explique alors qu'un haplogroupe peut être est un groupe d'êtres humains ayant un même ancêtre commun en lignée :

« Ainsi, un être humain terrestre peut être d'origine eurasienne, indo ou proto européenne, caucasienne, méditerranéenne, subsaharienne ou autres, suivant la classification des haplogroupes humains basée sur les marqueurs génétiques. »

C'est sans doute très intéressant mais un peu difficile à comprendre :

« Tous les haplogroupes n'ont pas été identifiés et je ne suis pas une spécialiste en généalogie génétique, loin de là, il faudrait que je demande à un organisme spécialisé dans les recherches de ce type. Peut-être même auront ils eu vent d'un cas similaire au vôtre. »

J'avoue que je suis un peu dépassé par ses raisonnements mais elle semble enthousiaste quand elle m'explique :

« Tu te rends compte si on découvrait une population génétique totalement inconnue ? »

Pas bien, à vrai dire. Tout ça est un peu abstrait pour moi et, me voyant perdu, elle essaie de m'expliquer :

« Un haplogroupe est un groupe d'humains ayant un même ancêtre commun en lignée patrilinéaire ou matrilinéaire, selon que l'étude de la filiation part du lignage du père, donc du chromosome Y, ou de la mère, donc de l'ADN mitochondrial pour arriver en début de lignée à un Adam Y-chromosomique, l'ancêtre agnatique commun, ou a une Ève mitochondriale, soit une version génétique de nos ancêtres bibliques. »

La bible, ça, je connais, madame Potache, qui est très croyante, me l'a fait étudier pendant que j'étais chez elle :

« Autrement dit, sur le plan biblique comme sur le plan génétique, tous les humains descendent d'un même couple originel, font partie d'une même lignée, mais il semblerait que les hybrides échappent à cette règle, qu'ils aient un autre ancêtre patrilinéaire. »

Ça me chagrine un peu parce que, dans ce cas, je ne fais pas partie de l'espèce humaine, ce qui me chagrine un peu :

« Pourtant, mes ancêtres n'étaient pas des näcken puisque j'ai eu des alevins avec Emma. »

Ce qui n'est pas logique car Emma étant une structure spirituelle et moi, un être à forme humaine. Je sais qu'ils ont fait des analyses ADN en prélevant l'eau du bassin mais je ne sais pas si ils ont trouvé des allèles identiques ou non, les laborantins restent très discrets sur leurs découvertes, soit qu'ils aient besoin de les vérifier, soit qu'ils veuillent me préserver. Il est vrai qu'il n'est pas très facile d'expliquer à quelqu'un, qu'en réalité, il est un poisson :

« Il reste d'autres possibilités que nous devons étudier dont des mutations génétiques pour s'adapter à une situation particulière, comme une inondation colossale... »

Elle me parle alors d'un tas de choses avec des mots scientifiques. Mais il y a longtemps que j'ai décroché et ne me préoccupe plus que de sa cuisse nue sous sa blouse, et que je caresse longuement, remontant vers l'origine du monde. Elle me dit alors en riant :

« Ce qui est certain, c'est que tu appartiens à une lignée paternelle plutôt active et que tu dois avoir un grand nombre de descendants. »

VI

« Nous allons plonger, comme hier. Mais je pense que vous êtes rassurée, maintenant. »

Le lendemain matin, nous prenons à nouveau le bateau, alors que j'ai, depuis longtemps, oublié toutes ces histoires génétiques bien compliquées depuis longtemps, surtout après une soirée tranquille avec ma chère Ingrid suivie d'ébats qui sont toujours aussi ardents qu'aux premiers jours, avant de tenter de nous reposer, ce qui reste toujours un peu difficiles avec Hervor, qui ne fait pas encore ses nuits. Mais Ingrid a pris son rythme et dort en même temps que sa fille et, quant à moi, j'ai les réunions du matin et les heures de travail pour récupérer, sauf quand Frida me sollicite. Surtout que j'ai peu besoin de sommeil, une heure me suffit pour être frais comme un gardon. Enfin, ce n'est pas le sujet de ce jour et d'ailleurs, ce matin, il n'y a pas eu de réunion, Torsten est parti à l'aube avec les deux responsables du projet. Nous sommes donc très tôt en mer et je sens cette fraîcheur puissante qui m'envahit alors que je suis sur le pont, et cette odeur vivifiante comme un parfum magique. À côté de moi, la mère de Frida donne plutôt des signes d'impatience que de crainte, ce qui est plutôt bon signe :

« Tout va bien, ne vous inquiétez pas, et j'ai même très envie de plonger et connaître les mêmes sensations qu'hier. »

Une autre femme est née de cette expérience unique, et elle m'en parle avec émotion alors que nous-nous préparons à plonger :

« Je me suis sentie dans mon élément comme si je découvrais que ma place n'était pas sur la terre ferme, mais dans les eaux. »

Je la sens changée, bouleversée, mais dans le bon sens, après cette aventure qu'elle avait vécue. Le matin, Frida m'avait révélé :

« Hier soir, avec maman, c'était étrange. Elle ne parlait pas. »

Et pour qui la connaît, c'est assez déstabilisant. Moi-même, qui ne la fréquente que depuis peu, je suis perturbé par son silence. Depuis que nous avons quitté le port ce matin, elle n'a pas dit un mot, ou juste les phrases habituelles de politesse. Non qu'elle soit devenue timide, mais elle est dans un autre monde :

« Je crois que nous pourrons lui faire confiance, et je parlerai aux näcken en ce sens. »

Car c'était la grande question avant que je la présente au conseil des näcken, que lui soit révélé le secret. J'en avais parlé longuement avec Ida qui nous avait annoncé avant le départ :

« Aujourd'hui, nous irons plus loin afin que vous ayez un peu plus de profondeur. »

En fait, il ne s'agit que d'un exercice, comme ceux que me faisait régulièrement faire Dora au large de Tahiti. Il s'agit de l'habituer à changer de respiration, surtout, et le plus difficile, à reprendre une respiration terrestre, jusqu'à ce que ça devienne instinctif ce qui est le plus difficile, comme si les hybrides étaient plus marins que faits pour vivre sur terre :

« Ici, ce sera parfait pour plonger. »
Ida vient d'arrêter le bateau en un endroit précis, loin des itinéraires suivis par les navires et dans une zone où la mer est profonde. Madame Björck est un peu gênée parce qu'elle est obligée de plonger en sous-vêtements, mais, si sa fille lui avait demandé d'emmener un maillot de bain, elle n'en avait qu'un seul et celui-ci est toujours au laboratoire pour analyse. Frida la plaisante :

« Si tu veux, tu plonges sans rien et je demande à Sigurd d'en faire autant. De toutes façons, je ne serai pas là pour filmer. »

Mais elle préfère garder ses sous-vêtements et, personne ne lui contestant ce droit, nous plongeons tous deux, bien que sans que j'ai besoin de la tenir dans mes bras. Elle se sent rapidement dans son élément et sa respiration s'est adaptée très vite à son nouvel élément dans lequel elle nage avec grâce, comme si elle avait toujours pratiqué la nage sous-marine. Je lui recommande cependant :

65

« Ne t'éloigne pas trop de moi, on ne sait jamais. »

C'est la première fois que je la tutoie, c'est venu naturellement. Peut-être parce que, depuis hier, je sais qu'elle est de ma race, enfin, si ce mot a un sens dans notre cas car, si il sert a créer des classifications chez les humains selon des critères morphologiques ou culturels, il n'a pas de réalité scientifique et il suffit de dire qu'elle est une hybride comme moi, que nous avons, sans doute, le même patrimoine génétique :

« Ne t'inquiète pas, je ne suis pas encore habituée à me diriger dans les fonds marins et je ne veux pas me perdre. »

Je n'avais pas songé à ce détail, qu'il lui fallait retrouver le bateau. Je suis si habitué maintenant à me diriger, à reconnaître les fonds mains à une foule de détails. Se perdre dans la mer serait risquer de se retrouver dans un secteur infesté de requins, bien que le seul qu'on puisse rencontrer par ici est le requin pèlerin, planctonivore, qui est inoffensif pour l'homme. En vérité, il faudrait s'éloigner beaucoup pour que la mer commence à présenter de tels dangers et le seul véritable péril serait qu'elle ne puisse pas retrouver le bateau. Pour l'instant, elle est surtout fasciné par le spectacle qu'offrent les fonds marins, et la seule phrase qu'elle sait dire, et qu'elle prononce à chaque instants traduit son émerveillement :

« C'est magnifique ! »

La nature est si belle quand on prend le temps de la regarder. Elle ne demande qu'à être aimée et s'expose comme une jolie femme à celui qui sait l'admirer et, surtout, la respecter. Nous avons tout à gagner avec ce pacte tacite, et tout à perdre en entrant en lutte avec la reine des éléments, une dame généreuse mais puissante qui peut autant nous permettre de manger et nous soigner que nous écraser sans frémir si nous la mettons en danger, elle qui a fait preuve de beaucoup trop de patience avec les humains ingrats mais peut finir pas se fâcher :

« Oui, c'est un merveilleux royaume et, si tu respectes ses règles, tu pourras en faire partie et jouir de ses richesses autant que tu le voudras. »

La mer a un grand cœur et regorge de tout ce dont on besoin les habitants de la terre si ils ne pillent pas sauvagement son inépuisable réserve. Et puis, il y a autre chose dont il faut absolument que je lui parle :

« En entrant ici, tu pénètres dans un temple dont tu dois respecter les règles, et en particulier, le secret absolu sur tout ce que tu as vécu et de ce que tu vas apprendre. »

Madame Björck me fait signe qu'elle a compris, et je crois que je peux lui faire confiance et qu'elle ne dira rien. Je lui montre quelques reliefs qui me paraissent confortables :

« Viens, Heidi, allons nous installer ici, nous y serons bien pour profiter du spectacle. »

Elle manque de peu de heurter un poisson qui, pourtant, venait de la gauche. Mais les monde aquatique ne respectueux pas le code. Il faut dire qu'on n'y a pas mis de poissons policiers et qu'il n'est pas besoin de permis pour nager. Je guide madame Björck jusqu'à un espace paisible où nous pouvons nous asseoir et contempler le ballet incessant des habitants des mers dont je ne me lasse jamais :

« Je crois que je pourrais rester ma vie entière à regarder les poissons. »

Je me demande si, parmi eux, il y a des näcken déguisés. Si les progrès de mon travail, de ce que je leur ai promis de réaliser, sont suivis de près ou si ils attendent avec confiance que je reprenne contact avec eux. Pour le moment, je suis un peu ému par le contact de ma cuisse avec celle de ma voisine qui semble ne pas y prêter attention. J'ai envie d'elle, mais je ne sais pas si je dois, je n'ai pas encore reçu d'instructions à son sujet et je n'ai pas droit de prendre d'initiatives et céder à mes éternelles pulsions. Et puis, je ne sais pas si elle partage ce même désir, ce qui est aussi une condition nécessaire à tout accouplement entre être humain, ou humanoïdes, car dans notre cas particulier, je ne sais pas bien comment il faut nous appeler :

« Allez, viens, je vais surveiller ton retour au bateau où Frida t'attend. Pour ma part, j'ai quelque chose à faire. »

J'ai pris brusquement cette décision, je ne sais pas pourquoi. Peut-être parce que je ne suis pas sûr de résister longtemps à mes pulsions. Elle semble déçue. Non que je ne lui aie pas sauté dessus, que je n'en sache rien. Mais je crois qu'elle serait bien restée plus longtemps :

« Si tout se passe bien, tu pourras ensuite rester le temps qu'il te plaira et même plonger seule, si tu en a envie. »

Mais, cette fois-ci, je dois contacter Emma, la tenir au courant des progrès de madame Björck et apprendre ce que je dois faire, car elle a dû, de son côté, se rendre au conseil :

« N'oublie pas ce que je t'ai dit. Cette fois-ci, tu vas devoir le faire toute seule. »

Je me contente de la surveiller, ce qui n'est pas un travail désagréable, vue d'en dessous, cette dame a des charmes qui ne sont pas désagréables dans cette tenue. Elle me répond en plaisantant :

« Ne t'inquiète pas, Sigurd, je vais y arriver, même si j'avoue que j'aurais préféré remonter dans tes bras. »

En tous cas, elle y arrive parfaitement. Mieux que moi lors de ma première fois. Une fois que je la sais hors de l'eau et en sécurité, je replonge sans crainte et appelle :

69

« Emma, tu es là ? »

Je vois alors ma chère hôtesse de l'air qui n'a pas été longue à venir et s'avance avec vivacité et souplesse :

« Oui, Sigurd, me voici. »

Après un moment consacré à de délicieuses politesses, ainsi que nous en avons l'habitude, elle entre dans le vif du sujet :

« J'ai fait part de tes observations au conseil et ils veulent te rencontrer tout de suite. »

Elle semble réellement soucieuse et je lui demande, tandis qu'elle se rhabille :

« Comment est l'ambiance au conseil ? »

Mais les nouvelles ne sont pas bonnes et elle m'en fait part, alors que nous partons :

« Nous avons encore eu à déplorer beaucoup de nouvelles victimes, suite à une pêche massive, et le Parti Inter-maritime Näcken Anti Terriens exige sans tarder un raz-de-marée ou une autre catastrophe. Il est déterminé à frapper fort pour faire un maximum de victimes terrestres. »

Effectivement, ce n'est pas une bonne nouvelle :

« Vous n'allez pas leur céder, j'espère. »

Mais tout n'est pas si facile :

« Le PINAT s'est encore renforcé et il est de plus en plus difficile de persuader les näcken de faire preuve de patience. Il faut les comprendre, nous ne pouvons pas laisser éternellement les terriens nous massacrer sans réagir. »

Elle m'interroge alors :

« Et de ton côté, il y a des progrès ? »

Il semble donc qu'elle ne m'a pas surveillé, et je suis sensible à sa confiance :

« Oui, et nous avançons vite. »
Mais Emma ne me laisse pas le temps d'énoncer nos avancées :

« Tu vas avoir l'occasion d'en parler. Nous arrivons au conseil. »

Je n'ai pas vu le temps passer. Et pourtant, la route est longue. Je retrouve cette étrange ville, mais qui semble en émoi avec un contrôle sévère à l'entrée :

« Qui es-tu ? »

Un SS, un des ces hommes du service de sécurité dont je connais la valeur mais qui sont toujours impressionnants à cause de cet uniforme de sinistre réputation, nous barre le passage avec autorité. Mais Emma lui répond avec calme :

« Je suis membre du conseil et Sigurd est notre contact hybride. »

Le plus extraordinaire, c'est qu'il ne met pas la parole d'Emma en doute, ne lui demande ni documents ni mot de passe. Il sait d'instinct qu'elle dit vrai et s'écarte simplement :

« C'est bon, vous pouvez passer. »

Mais j'ai appris à ne m'étonner de rien dans ce monde extraordinaire et j'écoute Emma, qui commente :

« Aujourd'hui, il n'y aura pas que des näcken qui vont siéger au conseil, nous attendons des délégués envoyés par les requins, mais aussi par plusieurs autres espèces, ce qui fait que des mesures spéciales ont été prises pour qu'il n'y ait pas d'incidents. »

C'est qu'un débat houleux entre un requin et une sardine peut très vite se terminer mal. Déjà que les discussions s'annoncent difficiles :
« Nous comprenons que les hommes aient besoin de pêcher pour se nourrir et respections ceux qui utilisent des techniques traditionnelles. »

Je suis tout à fait d'accord sur le principe et, quand je dois prendre la parole j'explique à une assistance faite de thons, de poissons de toutes tailles, de cachalots et autres mammifères marins et de crustacés :

« La plupart des humains terrestres rejettent aussi ce que nous appelons la pêche destructive, mais que faire contre ces groupes industriels pour qui ne compte que le profit et se moquent des dégâts qu'ils causent. »

J'entends parler de l'usage des filets dérivants, du chalutage de fond, une méthode industrielle qui consiste à racler les fonds marins avec d'énormes filets lestés de poids et équipés de roues métalliques qui détruisent tout sur leur passage, des poissons jusqu'aux coraux centenaires :

« Et quand ils ont été tués pour rien, ils sont rejetés à la mer. »

C'est parfois quatre-vingt ou quatre-vingt-dix pourcent de la prise des chaluts de fond de ces prises sauvages qui est rejeté à la mer et, de plus, de larges surfaces au fond des océans, qui constituent des habitats marins sont écrasées et détruites par ces grands chaluts sur des kilomètres et l'écosystème est détruit à jamais. Un poisson d'une espèce que je ne connais pas, prend la parole à son tour :

« Ils utilisent du poison pour tuer ou étourdir le poisson est très répandue, autant en milieux marins qu'en eau douce, y compris dans les récifs coralliens et les lagons côtiers. »

La pêche au cyanure par exemple s'étend des récifs décimés et dévastés des Philippines où On estime que soixante-cinq tonnes de cyanure sont déversées chaque année, mais aussi d'énormes quantités de pesticides chimiques :

« Et le pire, ce sont les explosifs qui dévastent les fonds marins tuent non seulement les poissons visés, mais aussi toute la faune et la flore environnantes. »

Je suis sidéré par tout ce que j'entends, par cette destruction intensive de ce qui devait pourtant être, pour les hommes, une inépuisable réserve de nourriture. Une anguille prend la parole à son tour :

« Nous étions nombreuses, avant, mais nous sommes plus aujourd'hui qu'un quart de ce que nous étions il y a trente ans. À ce rythme là, nous n'existerons plus dans quelques années, surtout qu'ils s'en prennent maintenant à nos bébés, nos civelles qui ne pourtant guère remplir leurs estomacs. »

On en tiendrait une centaine dans la main alors qu'avec une belle anguille on peut faire un repas. Mais c'est la mode, parait-il. Le pire dont il est question est la pêche fantôme, l'abandon accidentel ou volontaire de filets qui continuent à capturer inutilement poissons, mollusques, mais aussi de grands mammifères marins qui meurent d'épuisement après des heures de lutte pour remonter respirer à la surface de l'eau, surtout que les équipements de pêche sont maintenant fabriqués avec des matières synthétiques qui sont beaucoup plus résistantes*.

* Source : slowfood.com : L'océan en danger.

« J'ai fait ce que j'ai pu, mais je n'ai pas pu empêcher la décision. »

Et c'est vrai. J'ai parlé de madame Björck, de la certitude que j'avais acquise qu'elle était bien une hybride et que je pensais maintenant qu'elle garderait le secret. J'ai mentionné le fait que nous savions, maintenant, comment découvrir les hybrides avec une méthode scientifique, mais qu'il fallait nous laisser du temps. j'ai parlé de l'acide désoxyribonucléique, mot qu'il m'avait fallu prendre grand soin d'apprendre car l'ennui, avec les discours sous-marins, c'est qu'on ne peut pas s'aider en lisant des notes qu'on aurait rédigées sur une feuille de papier, ni même sur un support informatique, à moins qu'il en existe maintenant qui soient étanches. J'ai même évoqué notre projet de distributeur sans plastic en donnant des détails sur ce projet :

« J'ai fait tout ce que je pouvais, répondu aux questions qui m'étaient posées en essayant d'être le plus convaincant possible, et parfois avec succès. »

Malheureusement, même si Emma m'avait dit que j'avais très bien parlé et que des membres du conseil m'avait remercié pour les efforts que nous faisions, ça n'avait pas suffi :

« Les ultras dominaient le conseil, surtout avec l'appui des espèces les plus menacées et je n'ai pas pu empêcher la décision que je craignais d'être prise. »

J'ai essuyé un échec total, en dépit de la sympathie qu'ont pour moi beaucoup de näcken, et même d'autres espèces aquatiques, et qui reconnaissent la qualité de mes efforts. Mais j'ai dû admettre la décision qui a été finalement prise et l'approuver comme raisonnable :

« C'est ainsi qu'on pratique, chez les näcken, on se rend à la raison alors que chez nous, on suit la majorité, même si elle est déraisonnable. »

Non seulement je devais accepter la décision du conseil mais, pire, je devais décider quelle serait la ville qui subirait cette catastrophe. Pour eux, c'était la marque de leur reconnaissance et de ma connaissance du monde et des principaux coupables de la pollution :

« New-York sera bientôt inondée, je n'ai pas pu l'éviter. »

J'avais choisi cette ville parce qu'elle est la capitale, enfin, selon moi, des États-Unis, que je considère comme le principal pollueur du monde. Et puis, la terre est concernée par ce qui touche ce pays plus qu'elle le serait par ce qui arriverait dans n'importe quel autre, surtout si il s'agit de ce qu'ils appellent avec mépris les pays sous-développé :

« J'ai peut-être eu raison, peut-être eu tort. »

Ma décision ne semble pas plaire à Ida qui me reproche simplement :

« Tout de même, tu aurais pu choisir plus petit. »

J'aurais pu choisir un petit village au bord de la mer et dans un pays pauvre, de préférence, ça aurait arrangé tout le monde et la presse aurait tout juste mentionné l'incident dans un entrefilet discret. Et puis, je ne connaissais pas de noms de tels endroits, mes connaissances en géographie étant limitées. Frida me défend :

« Ce n'est que la vingt-cinquième ville du monde et le siège de beaucoup d'entreprises polluantes. »

J'étais surtout un peu dépassé par la situation :

« C'était une décision très pénible à prendre et je n'avais pas trop le temps de trop réfléchir. Le conseil voulait une décision. »

Il fallait un point sur la carte du monde et je n'allais pas choisir Paris où se trouvent madame Potache et Maria. Ida, à qui j'en parle lors d'une réunion à laquelle seule assiste Frida, accueille la nouvelle avec fatalisme :

« Quoi qu'il en soit, le sort en est jeté et je ne crois même pas qu'il est utile de les avertir. Ils nous prendraient pour des fous, ou même des terroristes, et nous attirerions l'attention sur nous sans rien résoudre. Tu sais quand la catastrophe doit avoir lieu ? »

Mais aucune date n'a été avancée :

« Je ne sais pas, mais ils ont demandé que j'y sois présent. »

Ida soupire :

« Et Torsten qui n'est pas là. »

À mon avis, il sera largement de retour avant que quelque chose se passe, il n'est parti que pour très peu de temps et je ne pense pas qu'ils vont lancer leur attaque tout de suite. Mais, en vérité, je n'en sais rien, le temps est une valeur relative chez les näcken et, finalement, ça peut être aussi bien dans un heure que dans un mois. Et puis, même si Torsten est fort, je ne le vois pas s'opposer à un ras-de-marée. Frida conclut sagement :

« Le mieux est de travailler sur notre connaissance des hybrides. Ils sont les seuls à pouvoir, peut-être pas empêcher cette catastrophe prochaine, mais calmer la colère des mers, tenter de sensibiliser nos gouvernants et éviter qu'il y en ait d'autres. »

Heureusement qu'elle est là pour me défendre. Quand nous-nous retrouvons dans notre bureau, elle me confie :

« Je sais que je ne ferai pas parti de celles qui survivront si les mers décident d'envahir la terre, mais, franchement, je comprends les näcken. Les humains ont exagéré et qu'ils en paient le prix, c'est assez juste, après tout. »

Moi, je pense à Ingrid, à Hervor, à Marta et Erik et à tous mes amis. Est-ce juste qu'ils paient pour la folie d'une minorité ? J'espère qu'ils laisseront un pays où pourront vivre les justes, ceux qui ont respecté la nature. Un seul pays, c'est tout ce que je leur demande. La Suède, par exemple, et j'y ferai venir madame Potache, le lieutenant avec sa famille et Maria. Pour le reste, les humains n'ont que ce qu'ils méritent, comme dit Frida qui ajoute pensivement :

« Dieu ne peut pas tout prévoir, sinon, il n'aurait jamais créé l'homme. »

Nous-nous sommes remis au travail. Celui qui concerne à chercher de nouveaux indices après ceux que nous avons déjà trouvés et qui vont faciliter la découverte des hybrides qui vivent encore sur terre :

« Mine de rien, nous avançons. Nous savons déjà que les hybrides qui restent sont ceux qui sont nés d'une lignée composée uniquement d'hybrides, dont le lignage n'a pas subi le moindre métissage depuis leurs plus récents ancêtres communs. »

Frida a classé les occupants terrestres humanoïdes, comme elle dit, en trois espèces : Les hybrides, les métis, ceux qui sont nés d'unions entre des hybrides et des humains, comme ce fut son cas, et la troisième catégorie, les terriens :

79

« Nous allons essayer d'en savoir plus avec ma mère. »

Dora ne nous a pas appris grand-chose mais peut-être que nous aurons un indice avec madame Björck. Frida lui a téléphoné et elle arrive peu après :

« Maman, il va falloir oublier un temps que je suis ta fille, ne voir en moi qu'une scientifique et répondre à nos questions, dont certaines peuvent être difficiles et même, très intimes. »

Elle lui laisse cependant un choix :

« Ou bien, si tu veux, je te laisse seule avec Sigurd, tu seras plus à l'aise. »

Madame Björck réfléchit un instant puis décide :

« Non, ça ira. Après tout, je n'ai rien à cacher. »

On lui a caché plus de choses qu'elle n'en a à taire, mais les pires secrets sont ceux qu'on ne s'avoue même pas à soi-même. En tous cas, elle se prête volontiers à notre questionnaire dans les premières questions qui sont assez faciles et répond sans hésiter :

« Est-ce que tu as fait des recherches sur tes parents biologiques ? »

Elle secoue la tête négativement :

« Non, et, à vrai dire, je n'y ai jamais pensé. »

Mais les questions deviennent de plus en plus difficiles, fouillant dans ce passé qu'elle avait décidé d'oublier, même si c'était de manière inconsciente :

« Raconte moi ton enfance. »

Madame Björck accuse le coup, se tait un long moment puis se fait violence et se reprend. Mais elle est émue et au bord des larmes quand elle commence à en parler :

« J'ai passé mon enfance dans une maison d'enfants de la région de Göteborg. C'était dur, très dur... »

Elle marque un temps. Jamais elle n'avait abordé ce sujet douloureux comme il l'est pour des milliers d'orphelins dans le même cas, et la Suède se souvient de Kent Sänd qui avait mis fin à ses jours trois semaines après avoir été interrogé, lors d'une émission sur ce sujet, par un journaliste qui lui avait fait parler de son enfance :

« C'était une autre époque. Les enfants étaient envoyés à l'autre bout de la Suède, sans aucun contrôle. C'était de la main-d'œuvre gratuite. Les châtiments corporels n'avaient pas encore été interdits*. »

Madame Björck, qui était prête à parler à cœur ouvert devient tout à coup hésitante, et ne parle qu'à demi phrases :

« Aujourd'hui, c'est une situation dont on parle, mais à l'époque... »

* Annelie Hed, présidente de l'Association des familles d'accueil.

Et encore, ça se passait en Suède, le premier pays au monde qui, en 1979, va faire son autocritique et bannir l'usage de la violence physique contre les enfants. Mais avant, le sujet était tabou, et Morgan Johansson, le ministre de la Santé de l'époque, confiera à ce sujet :
« Nous savions que la situation n'était pas bonne, mais nous ignorions que les mauvais traitements étaient à ce point systématiques. »

Pour madame Björck, il est encore difficile d'en parler :

« Et puis un jour, on a dû m'emmener chez le dentiste et, alors que j'étais sur son fauteuil, ma jupe s'est relevée et il a remarqué que j'avais des marques de coups très violents. »

Ça avait été la chance de sa vie, le hasard qui avait voulu que cet homme ne se contente pas de rabattre sa jupe sans se poser de questions :

« Ce dentiste s'appelait le docteur Björck et était le père de mon futur mari, ton grand-père, Frida.... »

À ce moment, son visage s'éclaire, comme si la lumière arrivait à la fin d'un tunnel :

« Il a décidé de m'adopter, m'a aidé à rattraper mon retard scolaire et m'a fait faire des études avec son fils. C'est ainsi que je suis entrée à la faculté avec mon futur mari, que nous avons étudié ensemble et que nous avons repris son cabinet quand il est parti en retraite. »

Elle avait eu des débuts difficiles, terribles, même, et dont elle n'est pas capable de parler, mais elle s'en était tiré, ce qui n'était pas le cas de l'ensemble de ses compagnons de misère, en Suède, où on commence à en parler, mais aussi dans le reste du monde où la situation n'est pas meilleure, sinon pire, mais simplement passée sous silence. Frida décide de changer de sujet :

« Tu n'as jamais demandé de tests ADN ? »

Je crois qu'elle n'y a même pas songé. Madame Björck avoue piteusement :

« Mes parents m'avaient abandonnée. Pourquoi serais-je allée les chercher ? »

Elle ne parait pas manifester un grand intérêt pour ses origines. Frida me demande soudain :

« Depuis que tu es en Suède, tu as cherché des informations sur tes parents ? »

Je hausse les épaules, un peu interloqué :

« Non, j'avais autre chose à penser. Et puis, j'aime ma nouvelle vie, alors, pourquoi aller chercher l'ancienne ? »

Je suis heureux en Suède avec Ingrid et Hervor. Et puis, j'ai mes parents, madame Potache, Marta et Erik… Je vois que Frida note quelque chose sur l'ordinateur tout en remarquant :

« Nous ne lui avons pas posé la question mais Dora, elle aussi, semble dans le même état d'esprit, ne pas s'intéresser à ses origines mais se contenter de ce qu'elle est. »

Et elle ne parle pas de son enfance à l'orphelinat. Il faut dire que nous ne l'avons pas beaucoup poussée en ce sens, nous contentant de sa personnalité, de ses goûts et de ses habitudes, bien des choses que Frida connaît au sujet de sa mère :

« Ce qui m'étonne, c'est que tu n'aies jamais été très attirée par l'eau, tu n'as jamais été à la piscine ni au bord de la mer ? »

Il faut dire que le personnel de l'orphelinat ne devait pas les y emmener souvent :

« J'ai souvent vu la mer, bien sûr, puisque j'habitais dans un port, mais je n'ai jamais eu l'idée de plonger dedans. Et, quant à la piscine, j'y ai été quand j'étais eu lycée, mais je n'étais pas une très bonne nageuse et je n'aimais pas aller à la piscine. »

Ça, c'est plus étonnant. Dora, elle non plus, n'avait jamais nagé avant de tomber dans l'eau et devenir hybride. D'où la question que Frida se pose :

« Est-ce qu'on est hybride ou est-ce qu'on le devient ? »

Et puis, elle répond immédiatement elle-même à sa propre question, tant qu'on n'est jamais si bien servi que par soi-même :

« Bien sûr qu'on est hybride de naissance puisque les hybrides n'appartiennent à aucun haplogroupe connu. »

Et, encore une fois, elle en revient aux mêmes histoires d'ADN et de lignées patrilinéaires ou matrilinéaires. Mais Ida doit approfondir les recherches sur ce sujet et nous tenir au courant et cette recherche n'est pas de notre ressort. Nous, savons que notre mission est de trouver le moyen d'identifier un maximum d'hybrides, ceux qui serviront d'intermédiaires entre les humains terrestres et les habitants des mers chez qui la colère gronde dangereusement. Mais la tâche n'est pas facile alors qu'il y a des millions d'orphelins dans le monde et qu'on ne peut pas faire des prélèvements sur tout le monde :

« Non, décidément, je ne trouve rien de particulier, mise à part cette spécificité génétique inutilisable sur le plan pratique, qui vous différencie des autres humains terriens. »

Sur le plan de la sexualité, madame Björck a pudiquement avoué aimer, mais elle n'a pratiqué qu'avec son mari, son premier et seul amour :

« Et nous n'avons pas le temps de faire naître une nouvelle génération d'hybrides. »

Les habitants des mers sont en colère. Qu'une seule ville soit touchée était pour moi une victoire face à une volonté majoritaire d'en finir définitivement avec les humains :

« Si rien n'est résolu sur le fond, le même débat reprendra alors que les rues de New-York ne seront pas encore sèches. »

85

Il est certain que les industriels n'auront toujours pas voulu comprendre le message et que tout reprendra comme avant. Frida soupire :

« Je me demande si ils n'ont pas raison, si il ne faut pas en finir définitivement avec l'espèce humaine qui n'est capable que de tout détruire. »

Le constat est terrible mais Frida, qui pourtant sait qu'elle sera une des victimes de cette catastrophe qui s'annonce, ne peut qu'admettre que les êtres humains ne seront pas capables de modifier leur comportement, même après de tels avertissements :

« Les hommes n'ont pas de pitié pour les autres hommes. Pourquoi en auraient-ils pour les autres espèces ? »

Et pourtant, il y en a qui n'ont rien fait. Mais sont-ils pour autant innocents ? Cette apathie générale est aussi coupable que les crimes en eux-mêmes. Les humains sont aussi responsables de n'avoir rien fait pour l'empêcher que ceux qui ont commis ces crimes. Ils sont ceux qui ont voté pour les partis inféodés à ces multinationales destructrices, ils sont ceux qui ont laissé faire sans broncher, parce qu'on ne se mêle pas des affaires des grands ou qu'on se moque de ce qui ne vous atteint pas directement...

VIII

« C'est pour aujourd'hui, et vous venez avec nous. »

Ce matin, j'ai plongé comme d'habitude avec madame Björck, et je croyais qu'il ne s'agissait que d'un simple exercice comme il est nécessaire que les hybrides en fassent régulièrement. Nous nagions paisiblement dans les eaux calmes de la Baltique et n'avions pas idée de ce qui nous attendait. C'est alors que, et à notre grande surprise, surtout celle d'Heidi qui ne savait rien à ce sujet, deux hommes en tenue SS se sont présentés devant nous, très aimables mais impressionnants, surtout pour qui ne savait rien de leur rôle chez les näcken, ni même de l'existence de ces derniers. Je tente de négocier :

« Mais, c'est que nous ne sommes pas habillés pour. »

Comme si il fallait une tenue de soirée pour assister à une catastrophe. Le SS répète l'ordre avec calme mais fermeté :

« Il faut que vous veniez avec vous. »

Madame Björck regarde avec étonnement ces hommes dans leurs étranges tenues mais qui, gendarmes des mers et comme il en est sur terre, admettent peu qu'on pense et discute les ordres qu'ils nous donnent :

87

« C'est très long à expliquer, Heidi, et je te demande de me croire pour le moment et de les suivre sans penser en attendant de meilleures explications. »

C'est à peu près tout ce que j'ai à lui dire comme preuve de ma bonne foi alors que nous suivons les deux SS. Progressivement, je tente de lui expliquer clairement ce que sont les näcken dont ces hommes que nous suivons assurent la sécurité :

« Les näcken sont des créatures spirituelles qui vivent dans les mers et les océans, mais ils ont besoin de corps pour vivre et utilisent donc ceux des naufragés ou des noyés. »

J'avoue avoir du mal à lui expliquer ça de manière crédible. Tout de même, ça aurait été plus facile si Emma était venue et lui avait expliqué tranquillement les choses au lieu de me laisser me débrouiller. Surtout que je n'ai pas eu le temps de la préparer, déjà que ça avait été difficile à croire pour moi, et même si sa capacité à plonger sans équipements n'a pas manqué de l'intriguer et qu'elle doit se poser des questions. Je cherche les bon mots et espère de l'aide, mais es deux messieurs ne sont pas très loquaces :

« Nous allons où ? »

À vrai dire, je n'en sais trop rien, mais à en croire le peu d'indices qu'ils m'ont donné je peux répondre à madame Björck :

« À New-York. »

Elle ne réagit pas. Je crois, qu'à ce moment-là, elle me prend pour un fou, et je la comprends, aussi je demande confirmation à l'un des SS qui nous escorte :

« C'est bien ça, n'est-ce pas ? »

Celui-ci me répond fort aimablement :

« Oui, c'est ça. Vous serez sur place en tant qu'observateurs chargés de nous rapporter ce que vous aurez vu depuis la terre. »

C'est généralement à ça que servent les observateurs, sinon, on se contentent de ces romanciers qui peuvent vous écrire plusieurs volumes sur ce qu'ils n'ont jamais vu. Le SS nous révèle alors :

« Nous avons ordre de vous déposer sur une plage de New-York. »

Madame Björck ne peut pas s'empêcher de crier :

« Sur une plage ? »

C'est que, si moi j'ai une tenue qui peut s'apparenter vaguement à un maillot de bain, elle est en culotte et soutien-gorge blanc à dentelles, très élégants mais qui risquent de lui valoir quelques soucis avec la police locale, surtout que nous n'avons pas de documents et, du-moins pour ma part, mais il semble qu'il en soit de même pour madame Björck, une pratique limitée du langage :

89

« Comment je vais leur expliquer que je me suis retrouvée brusquement aux Etats-Unis, alors que j'étais en train de m'habiller dans ma chambre à six mille kilomètres de là ? »

Les policiers américains sont connus pour être d'un naturel méfiant et nous risquons fort de nous retrouver rapidement enfermés en quelque geôle qu'une simple vague ne pourra détruite et où ne nous verrons pas grand chose de ce qui se passera :

« Si nous-nous retrouvons en prison, nous ne verrons rien que des murs, et ça ne vous sera pas bien utile. »

Mais le SS impassible nous répond :

« Ne vous inquiétez pas, ils n'auront pas le temps de vous faire des problèmes, la vague qui va s'abattre sur la ville va leur donner très vite d'autres soucis plus urgents. »

Mais il n'en dit pas plus, car, déjà, son collègue nous annonce :

« D'ailleurs, vous y êtes et il est temps pour vous de remonter à la surface et de nager jusqu'à la plage. »

Je ne pense pas, qu'en cet instant, madame Björck croit à cette histoire, et elle est sans doute persuadée qu'on est en train de la débarquer au large de la Suède où quelqu'un va l'attendre avec une serviette et des vêtements de rechange, tout heureux de cette fine plaisanterie :

« C'est parti, on y va. »

Je laisse madame Björck sortir en premier pour pouvoir intervenir si jamais elle avait un problème, puis je débarque juste après elle, alors qu'elle commence déjà à nager, vigoureusement mais de plus en plus étonnée par ce qu'elle voit à l'horizon :

« On dirait qu'il y a une fête foraine. »

L'ennui, ce n'est pas la fête en elle-même, mais la foule qui y est présente, ainsi que sur cette grande plage, et qui va nous causer quelques problèmes, surtout quand il s'agira de la traverser étant donné la tenue peu adaptée de madame Björck, qui n'est pas très optimiste :

« Nous ne ferons pas cent mètres avant de nous faire arrêter. »

Mais je ne m'inquiète pas car j'ai ma petite idée :

« Ne t'inquiète pas. On leur racontera qu'on nous a volé toutes nos affaires pendant que nous étions en train de nous changer et tout se passera bien. »

Elle me demande alors en riant :

« Effectivement, et que c'est pour pour cette même raison que nous n'avons pas de passeports avec des visas en règle. Mais j'espère que tu parles anglais. »

Car ça peut éventuellement nous servir mais, à vrai dire, je ne savais pas qu'on parlait anglais en Amérique :

91

« Non, je ne connais que le français et le suédois. Et toi ? »

Mais sa réponse est à peine plus satisfaisante que la mienne :

« Très peu. »

Entre très peu et pas du tout, ça ne va pas nous permettre de faire de longs discours :

« Si, au-moins, nous avions débarqué sur une plage de nudistes, tout aurait été plus facile. »

Il est plus aisé de retirer que d'ajouter. Mais voilà, ce n'est pas le cas et il va nous falloir faire avec cette réalité :

« Je vais essayer de te trouver quelque chose. Moi, je pense que ça pourra passer comme ça. »

Sans argent, il va falloir compter sur la chance. Qu'une femme ayant ses mensurations ait laissé traîner sa robe, par exemple. Ça ne va pas être facile, et plus nous avançons, croisant déjà les plus hardis nageurs, plus je m'en rends compte :

« Le mieux est de ne pas attirer l'attention sur nous. »

Sur la plage, nous-nous faufilons entre les hommes et femmes en tenues de bains, qui profitent des premiers soleils de l'année et les enfants qui jouent et criaillent. Mais je guette tout de même une grande serviette qui pourrait service de pagne à madame Björck, que certains commencent à regarder bizarrement :

92

« J'ai l'impression que nous avons été largués un jour de congé et à l'heure de pointe. »

Oui, comme si ça avait été voulu par le conseil pour faire un maximum de victimes. Enfin, l'avantage pour nous, c'est que personne ne fait attention à personne dans cette foule noire et blanche, et nous progressons tout d'abord sans trop de difficultés :

« Juste ce qu'il nous fallait. »

J'ai trouvé une serviette abandonnée qu'elle se met rapidement autour de la poitrine et qui lui fait une robe improvisée :

« C'est une chance que personne ne nous ait remarqués. Maintenant, il ne nous reste plus qu'à trouver un endroit où attendre. »

Nous avons quitté le sable pour une sorte de grande allée bitumée que longent des magasins, des restaurants, enfin, si on peut appeler comme nourriture ce qu'on y distribue, ou des espaces de jeux et d'attractions les plus diverses auxquels nous ne prêtons guère attention, cherchant à nous enfoncer le plus rapidement dans la ville et à y prendre de la hauteur pour voir le mieux possible sans subir les effets de la vague :

« Il faudrait monter sur le toit d'un immeuble. »

Question hauteur, nous serions servis, mais nos tenues ne passent pas inaperçues, surtout quand nous atteignons un parc après avoir traversé une première avenue :

« Attention, il y a un policier ! »

Nous avons juste le temps de nous mettre à l'abri de son regard. Cette fois-ci, si la tenue de madame Björck peut passer, ce n'est pas le cas pour la mienne :

« Il faudrait que je m'achète un pantalon. »

Mais je n'ai pas le moindre kopeck, enfin, si cette monnaie est valable dans le pays, et il ne m'est pas possible d'acheter un pantalon. Nous traversons une autre avenue, et je me demande comment nous sommes encore en vie, puis nous arrivons devant tout un quartier d'immeubles dont la hauteur ferait du plus petit un parfait poste d'observation :

« C'est tout à fait ce qu'il nous faut. »

Je me demande combien d'étages ont les immeubles de ce quartier assez rupin, avec des aires de stationnements et de précieux espaces verts qui nous permettent de nous cacher pour observer sans être vus :

« Oui, pour ne rien voir de ce qui va se passer. »

Madame Björck, loin d'être de mon avis, n'est pas très enthousiaste :

« À mon avis, la vague ne devrait pas trop tarder et nous sommes très mal positionnés pour l'observer. D'autre pas, tu ne pourras pas monter par l'ascenseur dans cette tenue, en admettons que nous puissions y avoir accès et par l'escalier, ça risque d'être long, »

Juste à l'emplacement où nous ne pourrons rien voir et dans un couloir qui va canaliser la vague et où nous recevrons tout dans la figure. En fait, nous sommes complètement perdus dans un secteur où les policiers sont nombreux :

« Il ne faut pas rester là. »

J'hésite entre avancer au hasard et retourner vers la plage où, après tout, nous verrons la vague de manière plus spectaculaire. Décidément, rien n'a été préparé. Finalement, nous optons pour la première possibilité et retournons sans tarder vers un endroit où nos tenues sont plus adaptées et d'où nous pourrons voir le mieux avancer la vague :

« Regarde, la voilà ! »

Nous avons à peine le temps d'arriver sur les lieux qu'un cri uniforme, mélange d'étonnement et de terreur, nous attend :

« Mettons-nous à l'abri, vite ! »

Ce n'est pas de la vague que nous devons nous protéger mais de la foule qui commence à affluer, tentant de fuir ce mur d'eau gigantesque qui s'avance vers elle. Ce sont plusieurs dizaine de mètres d'eau, la taille d'un des immeubles de cette ville, qui s'avancent vers nous et je frissonne, conscient que le choc va être très violent mais devant, néanmoins, ne rien perdre de la catastrophe. Madame Björck hurle :

« Ils vont tous s'écraser les uns les autres. »

J'ai tout juste le temps d'attraper au vol une petite fille blonde que je prends dans mes bras pour la protéger, bien que je ne sois pas certain que l'endroit où nous sommes offre plus de sécurité que n'importe quel autre alors que la vague continue de prendre de la hauteur et d'avancer vers nous, traversant la plage où elle doit noyer un nombre considérable de gens sur son passage. Je la vois arriver et écrouler la grande roue dans une gerbe d'étincelles :

« Replie-toi sur toi-même ! »

Je me rends compte que nous sommes déjà dans l'eau qui nous pousse à grande vitesse à l'intérieur de la ville avec une impressionnante quantité de corps et d'objets diverses :

« Il faut que je remonte à la surface. »

J'ai perdu madame Björck de vue mais j'ai toujours la petite fille dans mes bras et je dois la faire respirer à l'air libre :

« Mon dieu, c'est un cauchemar. »

Sorti de l'eau et toujours avançant à la vitesse de la vague, je vois les derniers étages des immeubles dont les fenêtres explosent sous la pression. Autour de nous, il n'y a plus que des cadavres. J'évite de justesse un immense bateau et vois les deux parties d'un pont s'élever à la verticale, projetant les véhicules, et certainement leurs passagers, dans l'eau qui s'enfonce rapidement vers les terres :

96

« Ça a l'air de se calmer. »

Nous sommes sur une portion des voies du métro aérien qui a résisté au choc, mais les barrières latérales ont été entraînées par les flots et une rame de métro s'est écrasée en contrebas dans une avenue :

« Il n'y a plus rien. »

Le constat est dramatique, terrifiant, même. En quelques secondes, il n'y a plus que des ruines, les fiers immeubles d'où nous voulions voir la vague sont tous partiellement ou complètement écroulés. Une des plus grandes villes du monde a été rayée de la carte en quelques secondes et l'océan, se retirant doucement, emporte avec lui sa provision de corps :

« Monte sur mon dos, nous allons redescendre. »

Elle ne me comprend pas mais sait ce que je veux lui dire et me fait confiance. Ensemble, nous glissons parmi les gravas d'un pilier écroulé et nous retrouvons au niveau du sol, marchant dans quelques centimètres d'eau en évitant les nombreux obstacles, des corps, des véhicules écrasés les uns sur les autres, des immeubles, jadis fiers, mais qui ne sont plus qu'un tas de pierres. Je me demande si il y a des survivants, si cette enfant, que je tiens maintenant par la main, n'est pas la seule. Je ne sais même pas ce qu'il en est de madame Björck que je n'ai pas revu depuis que nous-nous sommes abrités :

97

« Quel est ton nom ? »

Je me suis accroupie devant la petite fille, qui doit avoir une dizaine d'années, et je tente d'établir la communication :

« Moi, je suis Sigurd, et toi ? »

Elle frissonne. Elle aussi est en culotte, décidément, ça va devenir la mode. Sa robe a été emporté par la force du courant. Du-moins, c'est ce que je suppose, car je ne pense pas qu'elle ait pris le temps de se déshabiller pour ne pas que sa robe soit mouillée. Au bout d'un moment, elle me répond timidement :

« Nathalie. »

Je trouve une bouteille de jus de fruit qui flotte à la surface et l'ouvre pour la faire boire, et me désaltérer à mon tour, puis nous reprenons notre marche, suivant le sens des eaux alors que, dans le ciel, apparaissent de premiers hélicoptères. Je ne sais pas trop ce que je dois faire de la petite fille alors que je dois traverser une rivière, ou quelque chose du genre, et que les ponts sont tous écroulés. Les secours vont arriver et je devrais la laisser là mais elle me serre très fort la main et me lance un regard suppliant...

IX

« Qu'est-ce que je vais faire de toi ? »

Un bruit assourdissant interrompt ma question dont, de toutes façons, elle ne comprend pas un mot. Puis elle me hurle quelque chose dans sa langue natale, que je ne comprends pas plus, et me tire brusquement vers un amas de ruines qui nous sert de refuge tandis qu'un pan de mur s'écroule au-dessus de nous. Je l'ai prise dans mes bras et la protège de mon corps tandis que les pierres et autres objets tombent autour de nous mais sans nous atteindre. Je l'embrasse pour la remercier puis, après m'être assuré que tout danger est passé, je me lève et elle en fait autant en me prenant la main :

« C'est que nous ne sommes pas du même pays et qu'il faut que je rentre en Suède. »

Ce n'est pas le moment d'arrêter le travail que j'ai commencé, alors que les habitants de la mer sont si en colère :

« Et puis, il faut que je retrouve madame Björck. »

Partir avec une femme d'une cinquantaine d'années et revenir avec une fillette qui en a une dizaine, ce n'est pas ordinaire, tout de même, et je ne sais pas ce qu'en dira son mari, ni si il appréciera l'échange :

99

« Si elle est quelque part, c'est forcément près de la plage, là où nous-nous sommes perdus. »

C'est donc là que je dois aller, même si il est difficile de se retrouver dans cette ville en ruines où il n'y a pas un seul des ces immeubles géants qui ait survécu :

« Je ne sais même pas sur combien de kilomètres nous avons été entraînés et dans quelle direction il faut aller mais, ici, c'est trop dangereux. »

Certain des pans de murs qui ont survécu font plusieurs dizaine de mètres de hauteur, et il ne sera pas bon les recevoir sur la tête :

« Nous allons aller vers un endroit dégagé où tu pourras attendre du secours. »

Pour Ingrid, ce serait un drôle de souvenir que je vais lui ramènerait d'un voyage que je ne suis pas sensé avoir fait. Et puis, comment lui faire traverser l'océan ? Il faut qu'elle comprenne que je ne peux pas l'emmener avec moi :

« Même si elle est hybride, ce qui serait un drôle de hasard, comment je vais lui expliquer les techniques pour modifier sa respiration ? »

Nathalie me regarde et m'écoute sans me comprendre, car je parle en suédois. Je n'ai même pas l'idée de tenter de m'exprimer en français. De toutes façons, ce n'est pas, non plus, le langue de ce pays où on ne fait rien comme tout le monde. Encore une fois, je m'accroupis devant elle et lui demande avec insistance :

« Var är din mamma ? Din pappa ? »

Mais elle ne comprend visiblement pas et me répond dans une langue que je ne connais pas. Je veux lui expliquer que je dois absolument partir à la recherche de madame Björck, essayer d'aller de l'autre côté de la rivière qui se trouve devant nous, là où je pense reconnaître l'endroit où nous étions au début et où elle doit se trouver, que je dois plonger et qu'elle ne peut pas le faire, que les secours vont arriver et s'occuper d'elle. Je lui montre l'autre rive :

« Il faut que j'aille là-bas, et tu ne peux pas y aller avec moi. »

J'essaie de lui faire comprendre que je dois plonger, nager, et je mime l'opération. Mais c'est en vain, elle reste accrochée à moi et se crispe dès que je fais mine de m'en aller. Finalement, ne sachant que faire, je décide :

« Et bien, si tu veux, tu vas traverser avec moi. »

Je la prends dans mes bras et m'approche du bord, espérant qu'elle va prendre peur, mais elle se contente de mettre ses bras autour de mon cou et me serrer plus fort sans montrer nulle crainte. Alors, je décide :

« Et bien, tant pis, allons-y. »

Je plonge puis nage avec un seul bras jusqu'à la rive opposée que je la repose, trempée, mais sereine, dans un endroit que j'ai l'impression de reconnaître :

101

« Ici, c'est dégagé, il n'y a pas de danger et les secours viendront bientôt de chercher. »

Elle ne semble pas avoir eu peur, ni froid, et même, elle affiche un visage serein alors qu'elle est terrorisée dès que je fais mine de la laisser :

« Qu'est-ce que je vais faire de toi ? »

Nous avons débarqué directement sur une plage. Peut-être même celle où j'étais arrivé avec madame Björck, mais comment savoir ? Il n'y a plus rien que le sable trempé et encombré des débris que l'océan a laissé en se retirant. Pourtant, il me semble reconnaître la grande roue, ou plutôt, ce qu'il en reste, une espèce de statue de ferraille disloquée, couchée sur le sol :

« Il faut que tu comprennes, je ne dois surtout pas rester ici. »

je ne peux pas abandonner madame Björck et je ne sais pas quoi faire de Nathalie, peu disposée à me laisser partir et qui me tient toujours la main avec fermeté, comme si j'étais pour elle une bouée de sauvetage :

« Je ne vais tout de même pas te faire traverser l'océan. »

Il faut pourtant que je prenne une décision et je n'ai pas envie de rester ici. J'aurais dû prendre une décision, mais, c'est trop tard, les premiers hélicoptères de secours atterrissent sur la plage et deux hommes se précipitent vers nous :

« Me voilà bien. »

Les deux hommes, qui nous parlent dans cet étrange idiome du pays, nous allongent dans un brancard et nous mettent des couvertures sur le dos puis nous chargent dans l'un des hélicoptères qui part pour une destination inconnue. Que devais-je faire ? Nathalie s'est serrée contre moi, refusant d'aller dans un autre brancard ni même de répondre aux secouristes alors que je sais qu'elle comprend leur langue :

« Je dois rentrer en Suède. »

Et dire que je n'ai toujours pas de nouvelles de madame Björck. Comment je vais explique ça à son mari. Dans l'hélicoptère où nous subissons de premiers examens, un homme m'interroge dans une langue que je ne connais pas. Je lui réponds comme je peux, car Nathalie n'est pas décidée à parler :

« Suède, Stockholm. »

Pourquoi Nathalie ne répond pas ? Je sais très bien qu'elle n'ignore rien de ce dont on me parle puisque c'est dans sa langue maternelle, et qu'elle fait semblant de ne pas comprendre. Nous arrivons bientôt dans un hôpital où elle refuse d'être séparée de moi, s'accrochant avec ténacité, tant qu'on nous met dans le même brancard et le même lit de la même chambre :

« Me voilà bien. Et je crois que j'ai perdu définitivement madame Björck. »

Nous-nous endormons paisiblement dans les bras l'un de l'autre, épuisés par cette lutte contre les éléments et ne nous réveillons que lorsqu'une infirmière vient pratiquer sur nous quelques examens et me poser des questions auxquelles je ne comprends pas grand-chose et faire quelques examens de routine sur Nathalie et sur moi. Puis elle nous tend une fiche et de quoi écrire que Nathalie prend d'autorité avant d'écrire mon prénom, le prononçant à haute voix :

« Sigurd... »

Elle attend que j'ajoute, et je le fais sans trop y penser :

« Bergman. »

Elle dit en écho :

« Nathalie Bergman, Stockholm, Suède. »

Je remarque avec quelle finesse elle utilise le peu d'informations dont elle dispose pour arriver à ses fins. On ne nous demande pas plus de renseignements. D'ailleurs, j'ai l'impression qu'une certaine agitation règne dans l'hôpital, mais je ne peux guère avoir de détails. Ce n'est qu'un peu plus tard que se présente un homme du consulat de Suède :

« Bonjour, j'ai été avisé de la présence de ressortissants suédois parmi les survivants. C'est bien votre cas ? »

Mon cas, du-moins, mais je perds encore une occasion de le dire :

104

« Il y a beaucoup de survivants ? »

Le visage du diplomate est assez sombre :

« Très peu, hélas, c'est une horreur. À peine quelques centaines sur une surface gigantesque et plusieurs millions de morts et de disparus. Notre consulat a été complètement détruit mais nous avons une autre personne de nationalité suédois qui a survécu. »

Je demande aussitôt avec espoir :

« Madame Björck ? »

Le diplomate confirme :

« Oui, c'est bien le nom qu'elle a donné. Vous la connaissez ? »

Il faut alors que j'invente une histoire pour justifier notre présence sur le territoire :

« Oui. Elle était sur le même bateau qui a été entraîné par la vague. »

J'espère seulement qu'elle ne me contredira pas ou qu'elle n'a pas inventé une explication radicalement différente à notre présence :

« Elle a été blessée mais rien de bien grave et elle a pu nous dire son nom. Vous faisiez quoi dans ce secteur ? »

Je lui explique alors :

« Nous travaillons dans un centre suédois de recherche sur des espèces sous-marines, le SfocUnh, qui est basé à Grisslehamn et nous faisions des prélèvements océaniques. J'ignore comment nous avons pu dériver si loin. »

Le diplomate n'a pas d'explications à nous fournir :

« La situation est désastreuse, ici. Personne n'est encore capable de fournir une explication sur ce qui est arrivé. New-York a été rayée de la carte et ses habitants ont été presque tous tués par l'écroulement des bâtiments ou la force de la vague, ou ont été été entraînés par l'océan se retirant. Pour le reste, il y a un très grand nombre de blessés qui ont été dispersés dans différents hôpitaux. »

Il semble encore sous le coup de ce qu'il n'a certainement vu que par la télévision :

« C'est une vision apocalyptique. L'aéroport de Newark, à quinze kilomètres de Manhattan est totalement inutilisable, un bateau y a même éventré un avion et les secours doivent progresser à pieds parmi les ruines. »

La mer a frappé fort, il est vrai, et je me souviens encore de ce que j'avais pu voir. Mais ce n'est pas ma préoccupation à l'heure actuelle :

« Vous pouvez prévenir le directeur du centre que je suis ici, et ce serait mieux que mon identité ne soit pas mentionnée par la presse, ma mission était secrète. »

Il ne manquerait plus que les journaux américains s'intéressent à moi. Après la presse française et suédoise, je commence à être guéri de cette publicité :

« Je vais m'en occuper et tâcher de vous faire transporter à l'ambassade en attendant que tout soit réglé. »

C'est qu'il ne manquerait plus que je sois coincé en Suède. Surtout que ma petite interprète, qui ne comprend pas ce que je dis, a donné au personnel et à un membre du personnel administratif, des informations dont j'ignore tout, sauf que, sur un document, il est mentionné :

« Nathalie Bergman. »

Je crois qu'elle s'est fait passer pour ma fille, ou au-moins un membre de ma famille. Je ne sais pas trop quel est son but ni quelles sont ses motivations et je demande au diplomate :

« Est-ce que je pourrais voir madame Björck ? »

Au-moins, avec le peu d'anglais qu'elle possède, elle pourra peut-être tirer au clair cette situation. Mais ce n'est pas si facile :

« Vous allez pouvoir sortir bientôt, je vous amènerai des vêtements pour vous et votre fille, mais madame Björck doit rester quelques temps dans l'hôpital où elle a été transportée. »

Évidemment. Il est dit, décidément, que jamais rien ne peut être simple :

« Et puis, en principe vous n'avez pas le droit d'être sur le territoire américain. Mais je vais dire que vous avez perdu votre passeport pendant la catastrophe et, dès que ce sera possible, je vous ferai rapatrier en Suède. »

Je suppose que j'aurais dû lui dire que Nathalie n'est pas ma fille, mais je ne l'ai pas fait. Et puis, après tout, on verra plus tard. De toutes façons, ils ont l'air totalement dépassés par les événements et la destruction totale des bâtiments administratifs et de leurs archives ne doit pas faciliter les choses, comme il en est pour les consulats en pleine période estivale :

« À l'heure actuelle, nous n'avons aucune idée du nombre de touristes qui se trouvent en ce moment au Etats-Unis... »

Nous restons encore une journée et une nuit dans l'hôpital où le personnel, débordé, n'a guère le temps de s'occuper de ceux qui sont bien portants. Nous avons tout de même droit à des repas et quelques contrôles de routine, mais la plupart du temps, nous sommes tous les deux seuls, assis sur l'un des lits, à essayer de nous comprendre :

« Tu parles la langue du pays et ta place est ici, qu'est-ce que tu vas faire en Suède ? »

Elle s'amuse à répéter en suédois ce que je lui dis, des phrases qu'elle apprend par cœur, plus ou moins maladroitement, et qu'elle sert aux infirmières pour bien montrer qu'elle n'est pas du pays, même si elle parle anglais, et je suis sûr que cette demoiselle rusée y met quelque accent étranger et des hésitations qui complètent cette impression :

« Si, au-moins, j'avais un dictionnaire. »

Cette situation absurde dure jusqu'au lendemain matin quand l'homme de l'ambassade revient nous voir avec des vêtements :

« Nous avons téléphoné au centre, comme vous nous l'avez demandé, et vous serez rapatriés aussitôt que ce sera possible, monsieur Bergman, mais c'est pour l'instant la panique dans les aéroports, comme vous pouvez le deviner. »

D'un seul coup, j'ai l'impression d'être traité comme quelqu'un d'important :

« J'ai réglé les détails administratifs pour votre sortie et, dès que vous serez prêts, une voiture vous attend. »

Nous-nous habillons puis sortons de l'hôpital par une porte discrète. Je suppose que c'est pour éviter les journalistes. Nous traversons alors une très belle ville avec de grandes avenues et des monuments superbes puis arrivons dans l'ambassade où nous sommes installés dans une chambre assez luxueuse :

« Vous serez bien, ici. »

Au-moins, je ne suis plus dans une chambre d'hôpital :

« Je vais vous faire porter à déjeuner, ça vous changera du menu de l'hôpital. »

Et, tandis que je le remercie, il demande à la petite :

« Tu veux du chocolat ? »

Mais, comme elle reste muette, et pour cause, je réponds à sa place :

« Oui, deux chocolat ce sera parfait, merci. »

Je me demande ce que je vais faire. Signaler qu'elle n'est pas ma fille ? Mais elle semble n'avoir plus personne et ça signifierait qu'elle serait remise aux autorités américaines pour être envoyée dans un orphelinat ou une famille d'accueil. Je n'en ai pas le courage :

« On verra bien si ils me posent la question. »

Mais, pour l'instant, ils semblent avoir d'autres soucis. La perte de leur consulat et la disparition présumée de nombreux touristes leur cause des préoccupations beaucoup plus urgentes. En tous cas, nous avons le droit à un repas copieux après lequel, je décide de marcher un peu dans le jardin qui est magnifique, et sous un soleil rayonnant. Elle me suit après que j'ai annoncé mon intention en suédois, sans même savoir où je l'emmène mais ne me lâchant pas la main, comme si elle avait peur que je m'envole.

X

« Décidément, mon cher Sigurd, on ne s'ennuie pas avec toi. »

Nous avons passé le reste de la matinée à nous promener dans le jardin et, c'est peu après, dans l'après-midi et juste après un nouveau repas pris avec des membres de l'ambassade, que j'ai eu la bonne surprise de voir arriver Olof. Il ne me demande même pas comment je me suis retrouvé à New-York et se contente de la version fantaisiste que j'ai donnée à l'ambassade, qui en vaut une autre pour expliquer l'impossible, et va rester la version officielle :

« Mais, je vois que tu t'es fait une amie. »

Il se préoccupe plutôt du cas de Nathalie qu'il va devoir régler, en même temps que beaucoup d'autres, car, quelles que soient les circonstances, l'administration est toujours là :

« C'est une petite fille que j'ai trouvée pendant la catastrophe et qui ne veut plus me quitter. »

Je dois avouer que je me suis habituée à elle et Olof ne pouvait pas éviter de la voir car elle me suit partout en me tenant la main :

« Tu t'appelles comment ? »

Comme il parle anglais, il l'interroge dans une pièce isolée de l'ambassade, traduisant au fur et à mesure, les questions et les réponses :

111

« Nathalie. »

Le contact étant établi et aucune traduction n'étant nécessaire, Olof enchaîne dans la foulée :

« Tu as des parents ? »

La réponse est immédiate :

« Non, j'étais chez une famille d'accueil et j'espère qu'ils sont morts parce qu'ils étaient très méchants. »

Voilà qui a le mérite d'être clair. Il tente tout de même :

« Nathalie, ce n'est pas la peine de prendre je ne sais quel accent pour te faire passer pour suédoise, car je sais parfaitement que tu es de nationalité américaine. »

Cette mise au point étant effectuée, il veut essayer d'en savoir plus :

« Quel est ton nom de famille ? »

Mais Nathalie, nullement troublée, répond sans hésiter :

« Bergman. »

Finalement, c'est elle qui m'a adopté. Olof la pousse dans ses retranchements :

« Tu sais où est la Suède ? »

Je ne crois pas que ce soit son principal souci :

« Non, mais ce n'est pas grave. C'est le pays de mon papa, alors j'irai. »

Je suis un peu ému quand il me traduit cette réponse et ne sais que répondre quand il me résume la situation :

« Décidément, elle est forte, ta jeune amie.
Elle sait ce qu'elle veut et il va être difficile de
lui arracher des informations en étant tout à fait
certain qu'elles soient véridiques. »

Je ne sais rien d'elle, même pas son âge exact,
sinon, pour l'avoir vue nue, qu'elle n'est pas
encore pubère, ce qui est une information bien
approximative. Olof lui demande :

« Tu as quel âge ? »

Elle répond, presque avec automatisme :

« Dix ans. »

Ce qui confirme l'idée que j'avais de son âge,
mais ne fait guère avancer. Par contre, quand
Olof lui demande :

« Tu connais ta date de naissance ? »

Elle secoue la tête négativement, et presque
naturellement :

« Non. »

Le peu d'illusions qu'il se faisait à ce sujet était
déjà dans sa question, et Olof conclut ce qui est
évident depuis le début :

« Elle veut éviter de nous donner le moindre
élément pour l'identifier. »

Surtout qu'elle ne semble pas être sotte, bien
au contraire, elle sait ce qu'elle veut et joue avec
adresse pour l'obtenir. Il en est de même pour
son lieu de naissance, car elle répond de manière
attendue :

« Stockholm, Suède. »

« Il n'y a que deux solutions. Soit je la signale à l'ambassade pour qu'ils la remettent aux autorités locales en vue de placement, soit nous ne disons rien et elle part avec toi, et je ne pense pas que personne la cherchera, étant donné le nombre de disparus et d'enfants qui ont été trouvés dans les ruines. »

Je n'ai pas la force de l'abandonner. Depuis que je l'ai sauvée d'une mort certaine, et qu'elle m'a sauvé en retour, nous ne nous sommes pas quittés un seul instant, et elle était terrorisée à l'idée de me voir m'éloigner. Je crois que je ne pourrais pas me pardonner de l'abandonner. Olof précise avec gravité :

« Quoi que tu choisisses, ce sera sans retour parce que, une fois qu'elle sera en Suède, je ferai les démarches pour qu'elle soit officiellement ta fille. »

Et je sais qu'il a assez de relations pour que ça ne pose pas de problème. Je décide assez vite et sans hésiter :

« Bon, c'est d'accord, elle vient avec nous. »

Qui ira la contrôler. Parmi les survivants, la plupart n'avaient pas leurs papiers sur eux ou les ont perdus au cours de la catastrophe, beaucoup ne savent plus trop qui ils étaient ou ne veulent plus se le rappeler. De toutes façons, ceux qui ont survécu n'ont plus rien, plus de travail, plus de famille, plus de vie :

« Elle n'est pas la seule dans ce cas, entre ceux qui sont sous le choc et ceux pour qui c'est une bonne occasion pour repartir à zéro. »

Le nombre de morts est estimé à huit millions, et quant aux survivants, dispersés dans divers hôpitaux, il serait d'environ cinq-cent mille selon un quotidien en suédois que j'ai trouvé dans l'ambassade, mais j'ai l'impression que ce sont des chiffres donnés un peu au hasard :

« Je vais aller voir madame Björck, qui partira avec vous demain matin, par l'avion qui m'a amené. »

Parmi les victimes suédoises, que l'ambassade cherche à identifier, en plus des touristes et du personnel du consulat, il y a les membres des équipages de la compagnie aérienne assurant la liaison entre Stockholm et New-York, dont aucun, semble-t-il, n'a survécu. Et puis, tous les aéroports de New-York sont hors d'usage pour un long moment, et quant aux avions, ils sont tous inutilisables, et même irréparables :

« Toutes les liaisons ont été interrompues dans plusieurs états autour de New-York pour une durée indéterminée. »

Il faut réorganiser les communications. Il faut tout réorganiser, d'une manière générale, dans cet empire de la finance qui a perdu son poumon, cette ville où on évacue les gravas et qui devra être reconstruite pierres par pierres :

« Seuls les avions militaires et diplomatiques ou rapatriant des victimes sont autorisés à atterrir sur les aéroports de Washington qui sont presque essentiellement utilisés par l'armée et pour le transport de matériel de déblaiement. »

Je n'ai pas vraiment idée de la réalité de la situation et, à vrai dire, ce n'est pas mon souci principal alors que je tente d'établir le contact et d'apprendre à Nathalie les rudiments de sa future langue d'adoption :

« Hur mår du på morgonen ? »

Olof m'a prêté un guide de conversation qui me permet de l'initier au suédois, et un dictionnaire de poche qui n'est pas sans me rappeler celui que j'avais utilisé à une certaine époque. Et, en plus, j'apprends un peu d'anglais :

« C'est bien, tu apprends vite. »

Nous pouvons communiquer un peu dans le jardin de l'ambassade et j'apprends qu'elle ne connaît pas ses parents, ni même ses origines, ayant été trouvée dans le port alors qu'elle n'était encore qu'un bébé, comme ça avait été le cas pour madame Björck :

« Si ça se trouve, elle est aussi une hybride. »

Je ne comprends pas toujours ce qu'elle me raconte, sinon qu'elle me parle de familles chez qui elle aurait été et et de gens méchants, sans jamais citer de noms. Mais notre conversation est trop laborieuse pour entrer dans les détails :

« Je veux rester toujours avec toi. »

Elle apprend vite et est capable rapidement d'utiliser les quelques connaissances qu'elle a acquise, et même, de fouiller dans le dictionnaire pour pouvoir s'exprimer. L'ennui, c'est qu'il va falloir la scolariser, et puis, pendant mes journées de travail, c'est Ingrid qui s'occupera d'elle. J'espère que tout se passera bien et qu'elles s'entendront ensemble, sinon, je vais avoir quelques soucis. Je n'ai pas de photos à lui montrer, mais elle a compris que je suis marié et elle toute contente de savoir que ma femme est gentille :

« Et j'ai une fille, Hervor, qui est un bébé, encore... »

Elle a l'air tout heureuse et je ne suis pas trop inquiet pour le futur, une fois la surprise passée pour Ingrid qui va avoir du mal à comprendre comment je me suis retrouvé si loin en si peu de temps, et avec une fille, en plus :

« Heureusement, Ingrid a bon caractère, et je suis sûr qu'elle s'occupera bien de Nathalie. »

Je ne revois Olof que le soir, pendant le dîner, que nous prenons ensemble, il a été très occupé par son travail, comme l'est tout le personnel de l'ambassade en ce moment :

« Je ne rentrerai pas avec vous, Sigurd, mais j'ai déjà fait le nécessaire et tout se passera bien pour Nathalie, ne t'inquiète pas. »

117

Cher Olof, il pense toujours à tout. Nous partons le lendemain matin pour un aéroport qui se trouve à une quarantaine de kilomètres de la ville dans ce pays dont je n'ai pas vu grand chose. Sur la piste, après avoir été contrôlés par des soldats en arme, nous roulons devant un nombre impressionnant de cercueils. Mais je ne sais pas si ils sont pleins ou vides. Et nous arrivons devant un avion militaire aux couleurs de la Suède. Là, nous attendons un moment. Je ne sais pas combien de temps, jusqu'à ce qu'une ambulance arrive :

« Ce doit être madame Björck... »

Mais non, c'est un homme qui est chargé avec une infirmière suédoise. Il a l'air sérieusement blessé mais il est conscient, bien que les yeux dans le vague. Perdu dans des horizons lointains et dans une vie passée emportée par la vague. l'infirmière me confie :

« Il a perdu toute sa famille dans la catastrophe et il est sous sédatifs. »

Il faut un moment pour l'installer avec tout le matériel médical qui va avec et, pendant ce temps, une seconde ambulance arrive, et cette fois-ci, avec madame Björck, un bandage autour de la tête mais consciente, et qui peut me parler :

« Ah, Sigurd, je suis contente de te voir. »

Pendant qu'on l'installe dans l'avion, elle me raconte :

« J'ai été assommée par la chute d'un objet et je suis restée coincée sous les gravas d'un des magasins de la plage qui s'était écroulé et où j'ai été retrouvée par les secours. C'est un miracle si j'ai survécu. Et toi ? »

Je lui raconte comment je me suis retrouvé sur les voies du métro aérien, assez loin dans la ville, tenant dans mes bras la jeune orpheline que j'avais attrapée au passage :

« Je ne sais même pas comment nous sommes arrivés là. Ensuite, nous t'avons cherchée jusqu'à ce que les secours nous emmènent. »

Mais, déjà, un militaire de l'armée suédoise vient vers nous :
« Installez-vous, s'il-vous-plaît, et attachez-vous sur vos sièges, nous allons bientôt partir. »

Je regarde les pistes de l'aéroport qui ont encombrées par tout ce qui est déchargé d'avions militaires. Et toujours des cercueils, mais aussi du matériel, des véhicules divers et des soldats qui se regroupent devant des camions. Nathalie me prend la main et la serre très fort tandis que l'avion commence à rouler sur la piste :
« C'est la première fois que tu prends l'avion ? »

L'avantage, dans notre cas, c'est qu'il nous faut du temps pour dire ou pour comprendre une phrase. Je lui montre les mots sur le dictionnaire, ça occupe pendant les voyages. Elle me répond simplement :

119

« Ja. »

Elle cherche ensuite à son tour de quoi compléter sa réponse, et ainsi, nous-nous occupons pendant le début du trajet. Et puis, il y a le pilote qui vient parfois nous voir :

« Tout se passe bien ? »

Je me demande qui conduit l'avion pendant qu'il se promène. Ce n'est pas très sérieux, surtout que je crains que les näcken aient la mauvaise idée de me faire le même coup que la dernière fois que j'ai pris l'avion :

« Oui, tant que nous restons en l'air. »

Le pilote me rassure :

« Je sais que vous avez survécu à une catastrophe aérienne et vous faîtes preuve de beaucoup de courage. Mais ne vous inquiétez pas, tout ira bien et nous arriverons à Stockholm dans quelques heures. »

C'est plutôt lui qui fait preuve de courage en chargeant une personne qui a été l'un des rares survivants de deux catastrophes. Je ne dois pas avoir la réputation de porter chance. Il propose alors à Nathalie :

« Si tu veux, tu peux venir dans la cabine de pilotage. »

Mais il lui est impossible de traduire une telle phrase et je réponds à sa place :

« Elle ne parle pas depuis ce qui est arrivé. Et puis, elle ne veut pas me quitter d'une semelle. »

120

Et il est vrai qu'elle se montre craintive dès que je m'éloigne, même pour un besoin naturel bien légitime. Le pilote comprend parfaitement la situation et rectifie sa proposition :

« Pas de soucis, vous pouvez venir tous les deux. »

Dans la cabine de pilotage, c'est assez impressionnant, il y a des cadrans partout. Deux autres pilotes sont là, ce qui me rassure. Celui qui vient nous voir doit être le chef, et c'est pour ça qu'il n'a pas grand chose à faire d'autre que se promener :

« Ici, c'est le manche... »

Il nous décrit les commandes et quelques uns des instruments de pilotage sans se rendre compte que Nathalie ne comprend pas un traître mot de ce qu'il dit, car elle sait très bien donner le change. Quant à moi, j'ai la tête ailleurs. Je repense à ce que j'ai vu et qui ne voulait être qu'un avertissement. J'entends le pilote comme si il parlait de loin :

« Ici, c'est l'altimètre... »

Il est toujours utile de vérifier qu'on est toujours en l'air pendant le vol... Ça nous occupe car le voyage est long. Nous n'arriverons que le soir à Stockholm mais qui sera en fait la fin de matinée à New-York, ce qui fait que tout notre temps de voyage dans le ciel n'aura pas existé, comme il en est dans la mer :

121

« Un peu plus et nous arrivions avant de partir. »

Nathalie s'est endormie dans mes bras, heureuse et confiante. Pour elle qui a tant souffert, cette catastrophe a été la chance de sa vie, et elle ne sa réveille qu'au moment où le militaire nous sert des plateaux repas. Décidément, tout a été prévu et il ne manque que les jolies hôtesses, mais nous avons l'infirmière qui s'assoit avec nous, ainsi que madame Björck pour la pause déjeuner. Seul l'inconnu ne quitte pas son brancard, et son état semi-comateux :

« Je me demande si il serait bien qu'il se réveille... »

L'infirmière a ce triste commentaire en nous montrant les photos de sa femme et de ses enfants qui sont dans son portefeuille :

« Il est le seul survivant de sa famille. Tous les autres ont été retrouvés morts dans le taxi qui les transportait, et qui a été dégagé des décombres d'un bâtiment. »

La vengeance des mers a été terrible, et j'ai bien peur que ce ne soit qu'un début. La nature est bonne fille mais il ne faut pas trop abuser de sa gentillesse car elle a la main leste, et si elle vous donne une gifle, vous la sentez passer...

XI

« Si tu savais comme j'ai eu peur. »

Finalement, l'avion ne s'est pas écrasé et nous arrivons dans un aéroport militaire. Là, madame Björck et le malheureux inconnu ainsi que leur infirmière sont emmenés dans deux ambulances qui attendaient sur la piste. Un officier de l'armée suédois vient nous chercher et je suis accompagné, toujours en compagnie de Nathalie, bien sûr, jusqu'à un bâtiment où Ingrid et Torsten nous attendent. Ingrid se jettent dans mes bras et m'embrasse avec tant de force que je manque étouffer mais qui marque son bonheur de me revoir enfin après cette période, pourtant courte, de séparation. Enfin, elle me libère et je peux lui parler et lui montrer le souvenir que j'ai ramené de mon voyage impromptu :

« Je te présente Nathalie, une orpheline que j'ai recueillie à New-York et qui vivra avec nous désormais. »

C'est un peu autoritaire comme manière de présenter les faits, mais Ingrid n'est pas une femme qui se pose des questions inutiles, et elle se penche tout naturellement vers Nathalie qu'elle embrasse à son tour et avec tendresse, puis prend par la main tandis que nous quittons l'aéroport :

« Il faudra lui aménager une chambre. Demain, j'irai à Uppsala... »

Déjà que notre chambre ne l'est pas et que nous dormons dans un lit à une place... mais il sera toujours temps de nous organiser. Torsten, que j'ai à peine eu le temps de saluer, nous fait entrer dans sa voiture où, comme Ingrid tient absolument à ce qu'elle soit à côté d'elle et que Nathalie ne veut pas me lâcher la main, nous prenons place tous les trois à l'arrière :

« Tu es contente d'avoir une nouvelle fille ? »

Mais je crois que ce n'était même pas la peine de lui poser la question car déjà, elle a entamé un long discours auquel la pauvre petite ne comprend évidemment rien. Je crois utile de préciser :

« Elle ne parle pas suédois, il faudra que tu lui apprennes. »

Ingrid s'en montre désolée :

« C'est dommage, j'aurais dû être plus attentive pendant les cours d'anglais. »

À l'école, on vous apprend l'inutile jusqu'à ce que ça devienne l'indispensable. Mais tout va s'arranger très vite, j'en suis sûr, et je m'emploie à la consoler :

« Ce n'est pas grave, au début, vous aurez le dictionnaire pour pouvoir discuter et, petit à petit, à force de t'écouter, elle apprendra vite, et tu seras un excellent professeur. »

Elle apprendra vite, surtout qu'Ingrid est assez bavarde et très motivée pour lui enseigner le suédois, et que Nathalie semble avoir très envie de communiquer :

« Je te remercie, Sigurd, et je ferai de mon mieux pour mériter ta confiance et je lui apprendrai le suédois comme je te l'ai appris. »

J'espère qu'elle ne lui apprendra pas tout de suite les même choses qu'à moi. Torsten m'annonce, un peu amusé par le ton lyrique d'Ingrid :

« Demain, tu ne travailleras pas, Sigurd, et je vous emmènerai à Uppsala acheter des affaires pour Nathalie. »

Je réponds aussitôt avec enthousiasme :

« Oui, ce sera avec plaisir, nous devons lui acheter des vêtements et des meubles pour sa chambre. »

Ce que Torsten lui traduit immédiatement en anglais, nous évitant une longue rechercher dans le dictionnaire, et Nathalie nous remercie en suédois. En tous cas, me voici rassuré au sujet de l'accueil que recevra la petite américaine et surtout de sa relation avec Ingrid. Toutes les deux discutent tant bien que mal, dictionnaire en main qu'elles manipulent avec dextérité, non du passé, ce n'est pas quelque chose qui préoccupe Ingrid et Nathalie préfère l'oublier, mais de l'avenir, de sa future vie dans la maison... Torsten en profite pour me glisser :

« Il faudra que tu m'expliques ce qui s'est passé et comment tu t'es retrouvé à New-York, mais nous verrons ça demain. Pour le moment, je vous laisse à vos retrouvailles. »

Il a raison, je n'ai pas trop envie d'en parler en ce moment, et surtout, pas devant Ingrid, qui ne sait pas toujours tenir sa langue. Je crois que je vais garder longtemps certaines images devant les yeux et je m'inquiète pour Nathalie, qui en a été témoin aussi :

« Je te remercie, Torsten. J'ai vraiment envie d'oublier pour un temps. »

Il y avait ceux que la mer avait emmenés mais il y a avait les corps qu'elle avait laissé et qu'il fallait contourner et enjamber, éviter de regarder mais voir, cependant. Et puis, il y avait le cri sinistres des murs qui se préparaient à tomber dans le silence des ruines d'une ville où la vie n'existait plus. Je crois que c'était le pire, ne plus entendre le bruit de la vie et comprendre qu'elle s'était définitivement arrêtée comme le cœur d'un homme qui s'arrête de battre. J'ignore si Nathalie avait des amies à New-York, nous n'avons pas abordé ce sujet. Elle devait aller à l'école, connaître des gens... Elle a tout quitté sans émotion, elle est partie sans se retourner, elle a laissé son enfance derrière elle pour partir vers l'inconnu dans les bras d'un homme qui lui avait simplement tendu la main :

126

« Je vais préparer le repas, vous devez être affamés. »

Ingrid ne pose pas de questions non plus, mais elle n'est pas sotte et comprend que nous revenons de quelque chose de terrible. Elle a dû voir les images à la télévision et, si elle ne sait ni pourquoi ni comment, elle sait que j'y étais, et Nathalie aussi, et que nous avons plus besoin de réconfort que de beaux discours :

« J'ai des sodas ou des jus de fruits, si tu veux. »

Ingrid n'utilise pas de dictionnaire. Elle parle et Nathalie comprend. C'est peut-être la meilleure façon d'apprendre la langue :

« Et pour toi, Sigurd, une bière ? »

Nous-nous installons tous deux sur l'unique lit de la maison, puisque je n'ai pas encore eu le temps de terminer le nôtre. Il faut dire, qu'avec toutes ces histoires, le voyage pour aller chercher madame Björck et mon expédition tragique à New-York, je n'ai pas eu beaucoup de temps à moi, juste celui de fabriquer la table de la salle à manger, mais dont les pieds, aux décorations artistiques ambitieuses n'ont pas été encore terminés. Mais ce sera pour plus tard :

« Ce sera ta chambre, si tu veux. »

Notre conversation est aussi longue que peu prolifique car chaque mot doit être cherché dans le dictionnaire, ce qui ralentit considérablement le débit :

127

« J'espère que tu réussiras à lui apprendre le suédois assez vite car il serait bien de l'inscrire à l'école à la rentrée. »

Mais je crois que les leçons d'Ingrid vont porter leurs fruits. L'élève semble assez douée et sa future professeur reste confiante :

« Ne t'inquiète pas, dans peu de temps, elle parlera aussi bien que toi. »

Je ne suis pas un modèle du genre car mon suédois est encore un peu hésitant, mais ce ne serait pas plus mal de pouvoir nous comprendre et d'avoir de véritables échanges, autrement que par gestes ou au prix de recherches laborieuses. C'est ensuite la rencontre avec Hervor dont Ida, qui en assurait la garde, est venue rapporter et que Nathalie prend dans ses bras, après qu'Ingrid lui ait donné le sein :

« Je sens que nous allons faire une belle famille. »

Nathalie reste un moment à câliner le nourrisson avec un amour déjà maternel pour sa petite soeur, puis elle assiste avec intérêt et sans dégoût, au changement de la couche, qu'elle doit apprendre à effectuer. Ensuite, Ingrid remet Hervor au lit sans se soucier d'une petite colère réglementaire mais à laquelle elle ne cède jamais, ce qui fait qu'elles durent peu. puis, quand c'est fait, elle annonce :

« Et maintenant, à table ! »

128

Ingrid a tenté de donner à ce repas une allure festive, la table de la salle à manger est couverte d'une belle nappe ornée de guirlandes, tandis qu'elle a mis de beaux couverts et fait de son mieux pour préparer un repas de fête :

« Tu cuisines de mieux en mieux. »

Nathalie fait quelques grimaces, n'étant pas trop habituée aux saveurs suédoises, et j'ai connu aussi ce moment difficile, mais elle mange de tout avec une curiosité et un appétit qui font plaisir à voir. Elle est heureuse et rassurée sur son sort, loin de ce passé difficile que la vague a emporté, et nous fait quelques démonstrations fragiles de ses progrès linguistiques :

« C'est très bon, merci. »

Bref, une soirée familiale toute simple mais bienvenue après les heures difficiles et d'angoisse qui l'ont précédée :

« Torsten est venu m'annoncer hier que tu étais à l'hôpital mais, même si il m'a dit que tu allais bien, je n'étais pas rassurée, surtout quand j'ai vu ce qui s'est passé à la télévision... »

C'est la première fois que la catastrophe est évoquée, et des images me reviennent peu à peu, celles que j'avais tenté d'oublier, ce que j'avais essayé de ne pas voir. Et ces milliers de cercueils dans l'aéroport de Washington. En quelques minutes à peine, c'est presque l'équivalent de toute la population de la Suède qui a disparu :

129

« J'ai pensé que Torsten m'avait dit que tu n'avais rien, uniquement pour me rassurer. »

Le plus étonnant c'est que, pas à un seul moment, il ne lui vient l'idée de se poser la question sur ce que je faisais aussi loin. Pourtant, je sais qu'elle n'est pas idiote, elle est simple dans la bonne définition du terme, c'est-à-dire qu'elle ne va pas chercher les informations qui ne lui sont pas nécessaires et se contente de celles qui sont utiles à son bonheur. Ce n'est pas de la sottise, car elle est capable d'inventivité, et même d'analyser les problèmes et de leur trouver une solution, c'est un mode de vie, tout simplement, une forme d'intelligence alors que bien des humains se tourmentent inutilement :

« Mais je savais que tu rentrerais sain et sauf parce que je ne peux pas vivre sans toi. »

Cette manière de raisonner part d'une logique assez simple. La réalité n'est pas ce qui est mais ce qu'elle veut et, à partir de là tout va bien ou, si il n'en est pas ainsi, elle s'arrange pour que ce soit le cas :

« Et j'avais raison puisque tu es de nouveau avec moi et même, tu as pensé à me faire cadeau de cette jolie petite fille. »

Et il est vrai qu'elle est jolie avec ses cheveux blonds teintés de roux et ses yeux clairs. Je ne l'avais jamais vraiment regardée à force de la voir :

« Enfin, ça c'est bien terminé, tu es là et c'est
le principal, n'en parlons plus. »

Les autres millions de morts ne sont que
quantité négligeable. Elle est si loin, l'Amérique,
et elle en est presque devenue virtuelle derrière
l'immensité de l'océan :

« Oui, et surtout pas devant Nathalie qui a vécu
une rude épreuve. »

Pour l'instant, après le repas, je dois m'occuper
de Nathalie à qui je prépare un bain. Nous avons
pris de mauvaises habitudes et je crois qu'elle
aime bien se faire dorloter comme un bébé, ce
qui n'a pas dû lui arriver souvent :

« Me diras-tu un jour ce que tu penses ? Je
suis sûr qu'il y a, enfouis en toi, de lourds secrets
que tu nous tairas, même quand tu parleras notre
langue. »

Le soir, nous-nous couchons tous trois dans
le même lit. Nathalie s'est installée d'office entre
nous deux et nous-nous endormons ainsi, enlacés
pour ne former plus qu'un quand nous-nous
réveillons le lendemain matin. Ingrid est déjà en
train de donner le sein à Hervor :

« Debout, les enfants, Torsten ne va pas tarder à
venir nous chercher. »

Et, en effet, nous avons à peine eu le temps
de nous préparer quand il sonne à la porte :

« Si vous êtres prêts, nous y allons, nous avons
de la route à faire. »

131

C'est Ida, qui se présente. Quand il s'agit d'aller faire les magasins, les femmes sont toujours volontaires :

« C'est bon, Ida, nous sommes prêts. »

Nous prenons place dans la Volvo qui prend la route vers Uppsala, et Nathalie, toujours munie du précieux dictionnaire que nous avait prêté Olof, découvre avec bonheur les charmes de la campagne suédoise :

« Il faudra lui montrer Stockholm. »

Mais je préfère attendre que sa situation soit tout à fait en règle, même si elle dispose d'une autorisation provisoire de séjour sur le territoire. On ne sait jamais et je ne veux pas de problèmes. Et puis, si tout va bien, nous avons le temps. Pour le moment, nous devons penser à l'équiper du minimum :

« Il faudrait lui acheter des vêtements. »

Elle ne possède qu'une robe et une culotte qu'elle est obligée de laver chaque soir, tandis qu'elle dort nue, pour la remettre le lendemain. À l'ambassade, ils avaient paré au plus pressé en lui donnant ce qu'ils avaient, et ce n'était déjà pas si mal. Il faut dire qu'ils avaient fort à faire à essayer de retrouver les suédois qui étaient à New-York au moment de la catastrophe, des touristes, les employés de diverses entreprises ou les membres du consulat, dont, semble-t-il, un seul avait survécu, et encore, dans quel état :

« Ici, nous trouverons ce qu'il lui faut. »

Et nous entrons dans le magasin de vêtements, tout un petit défilé, Ida, qui mène la troupe, suivie par Ingrid, poussant le landau où Hervor dort, paisiblement, sans se soucier, ni du bruit, ne de la foule, et Nathalie et moi, main dans la main, suivant le tout, l'air de rien, comme si nous n'étions pas concernés par cette ballade au pays des achats :

« Celle-ci t'ira parfaitement. »

Très vite, des choix sont faits, robes, chemises de nuits, un lot de culottes de toutes les couleurs et de chaussettes blanches. Jamais un client ne leur a acheté une telle quantité de vêtements :

« Il faut lui acheter des chaussures. »

Car, depuis le début, personne ne s'était vraiment alarmé de la voir marcher pieds nus, tant ça paraissait naturel, puisqu'on l'avait toujours connue allant ainsi. Je passe à la caisse, ce qui est généralement le rôle de l'homme qu'aucune femme, même féministe, ne saurait lui contester, puis nous entrons dans le magasin voisin :

« Je connais un restaurant sympathique, je vous invite pour fêter l'arriver de Nathalie. »

Après le repas, nous allons dans un magasin pour acheter de quoi remplir une chambre de jeune fille, une armoire, une bibliothèque, un bureau avec une table, un lit et une table de chevet :

« Regarde, Ingrid, comme cette petite lampe est jolie. »

Les deux femmes y vont avec enthousiasme sous le regard indifférent de Nathalie à qui Ida et Ingrid demandent vainement son avis avant de prendre leur décision :

« Je crois que nous avons tout ce qu'il nous faut. Tu as envie de quelque chose ? »

Nathalie regarde alors dans son dictionnaire puis demande :

« Un cahier. »

J'ai l'impression que c'est la seule chose qu'elle voulait vraiment. Mais les deux femmes ne font pas les choses à moitié et elle se retrouve bientôt avec un lot de cahiers, plusieurs stylos et crayons et des livres pour apprendre le suédois qui ont semblé l'intéresser vivement. Je crois qu'elle est très motivée pour apprendre le suédois et s'intégrer dans son nouveau pays, celui qu'elle a choisi, avec ceux qui sont devenus sa famille, et, lors du trajet du retour, elle commence à lire attentivement un livre de grammaire suédoise, traduisant chaque mot à l'aide de son dictionnaire et totalement absorbée par ce rude ouvrage.

134

XII

« Il faut absolument que tu ailles les voir, Sigurd, que tu parles avec eux et que tu obtiennes d'eux qu'ils nous apprennent ce qu'ils attendent de nous et nous laissent le temps de le faire. »

Le lendemain matin, nous avons une réunion de niveau un est organisée au cours de laquelle Torsten exprime toute son angoisse après cette catastrophe et devant une situation qui s'aggrave rapidement :

« Ils n'ont pas hésité à te mettre en danger ainsi que madame Björck. »

J'en profite pour demander de ses nouvelles car je sais que Torsten est parti la voir à l'hôpital avec Frida :

« Elle va mieux et devrait sortir demain, mais je ne suis pas certain qu'elle veuille rester au centre, surtout qu'elle est très dépressive. »

Je la comprends, ce qu'elle a vu était terrifiant et ne peut être oublié comme ça, mais ça veut dire, Elle s'est réveillée au milieu de cadavres, dont un grand nombre d'enfants qui étaient restés coincés dans les décombres. Je la comprends, mais Dora étant enceinte et ne devant pas plonger pour le moment, ça signifie que je suis le seul à pouvoir servir de médiateur. Je ne peux prendre d'autre décision :

« Je vais plonger tout à l'heure, et j'irai leur parler. »

Dire que je suis enthousiaste est exagéré. Et Torsten m'avertit :

« Méfie-toi tout de même, ils semblent avoir perdu toute raison et pourraient bien s'attaquer à toi. »

Je ne pense pas, ils ont besoin de moi pour que je leur serve de médiateur. Mais je suis furieux d'avoir été entraîné aussi brutalement dans une telle catastrophe dont j'ai été involontairement complice après qu'ils se soient arrangés pour que je désigne la ville qui serait frappée :

« Je n'ai pas le choix, Torsten, il faut que je prenne le risque de retourner les voir, je dois tout tenter pour calmer leur colère et trouver un terrain d'entente. Sinon, ce qui arrivera risque d'être bien pire. »

Et puis, j'ai des comptes à régler. Je suis très fâché contre Emma que je retrouve, peu après, ayant plongé du bateau piloté par Ida :

« Ce n'est pas bien ce que vous nous avez fait. Madame Björck a été blessée et ne veut plus jamais plonger ni entendre parler de vous, et c'est un miracle si nous n'avons pas été tués. »
C'est la première fois que je lui parle si durement et que nous n'avons pas fait le sexe, comme elle dit, dès notre rencontre. Elle me répond pourtant calmement :

« Oui, je sais, et le conseil partage ta colère mais il n'est pour rien dans ce qui est arrivé et qui ne devait être déclenché que si rien n'était fait de votre part. C'est une fraction du Parti Inter-maritime Näcken Anti Terriens qui a agi sans notre accord et sans même nous avertir. »

Ce n'est pas rassurant. Ça veut dire que le conseil est dépassé par les extrémistes, ce qui n'est pas bon du tout pour les terriens, et même avoir des conséquences terrifiantes qu'Emma se charge de me rappeler :

« Le risque est, qu'au lieu de faire des frappes réfléchies, ils attaqueront encore plus fort, et n'importe où et n'importe quand. »

Déjà que je n'avais pas conscience que je condamnais tant d'innocents en leur parlant étourdiment de New-York comme cible possible. Cette ville me semblait plus un symbole qu'une réalité humaine, mais ce qu'elle m'annonce n'est pas rassurant :

« Les deux SS à qui vous avez eu affaire étaient des SS entrés en dissidence après la mort de deux des leurs pris dans des filets dérivants, et j'ai bien peur qu'il y en ait d'autres. »

Ce matin, enfin, si cette notion a un sens dans les profondeurs où il n'y a ni matin, ni soir, ni jour, ni nuit... Ce matin, parce qu'il me faut bien des repères, Emma est sombre et ne porte pas de bonnes nouvelles :

« Ils ont créé un équivalent de notre conseil avec les mêmes structures, le Groupe d'Action Näcken Anti-Terrien avec un fond idéologique qui prône la suprématie des näcken sur les autres espèces qui peuplent les eaux et la destruction totale et immédiate des terriens. »

Ce n'est pas sans me rappeler une sinistre idéologie terrestre qui avait fait d'énormes dégâts sur toute la terre :

« Et que dit le conseil à ce propos ? »

Ce qui est extraordinaire avec Emma, c'est de voir à quel point son visage est expressif alors qu'il n'est, en réalité, qu'un masque :

« Le conseil est en panique, les requins veulent rompre l'accord qu'ils avaient avec les näcken et personne n'est d'accord sur les décisions à prendre. Certains d'entre nous veulent négocier avec le GANAT, d'autres veulent le combattre et une troisième faction pense que c'est par des actions efficaces qu'on calmera la colère des näcken et qu'on récupérera les membres dissidents ou évitera qu'il y en ait d'autres qui rejoignent leur camp. »

Je suis assez du dernier avis, mais je ne sais pas si j'aurai l'occasion de m'exprimer. Et puis, une autre chose me préoccupe :

« Lorsqu'ils nous ont laissé sur la plage, les deux SS savaient que nous allions courir un grand danger ? »

Ça me paraît évident car, si nous pouvions résister à l'inondation en elle-même, c'est surtout la violence du choc de la vague, l'écroulement, ensuite, des édifices et les chutes des rames de métro ou des véhicules qui ont tué. Et Emma confirme mon impression :

« Oui. Il y a de fortes chances qu'ils cherchent à éliminer aussi les hybrides. »

Pas la peine de demander pourquoi, alors que nous ne cherchons qu'à les aider, ce serait comme demander à un nazi pourquoi il déteste les juifs. Le seul fait de poser ce genre de question équivaut à chercher la raison là où il n'y en a pas. Mais je suis déterminé à éviter la contagion, si je ne peux pas tuer le mal :

« Il faudrait que je les rencontre, peut-être pourrions-nous trouver un accord avec eux. »

Emma semble en douter :

« Nous verrons. En attendant, allons au conseil, puisque tu ne veux pas faire le sexe avec moi. »

Je crois que je l'ai vexée. C'est comme si j'avais refusé de lui serrer la main. Mais il fallait bien que j'exprime mon mécontentement après ce qui est arrivé. Nous partons donc et nous rendons dans cette ville mystérieuse où se trouve le conseil, et qui est gardée comme elle ne l'a jamais été dans une ambiance très tendus. Pourtant, nous ne sommes pas contrôlés, les SS semblent savoir qui nous sommes :

139

« Tu es devenu une personnalité connue, notre seul hybride avec Dora, mais que nous ne voyons plus. Pour beaucoup, tu restes le seul espoir de sortir de la situation dramatique dans laquelle nous-nous trouvons. »

Ça m'ennuierait que les näcken décident de supprimer tous les hybrides, surtout que nous ne sommes pas nombreux, du-moins, à être connus, et que je suis le seul qu'ils puissent atteindre. Je risque d'avoir quelques soucis :

« Ce qui veut dire que je suis désormais en danger dès que je suis dans l'eau. »

Mais Emma s'empresse de me détromper :

« Ne t'inquiète pas, tu seras sous protection constante. »

Étant donné la situation, je ne sais pas si c'est rassurant, et j'ironise :

« Oui, par des SS ayant fait défection. »

Mais Emma me rassure :

« Non, par des éléments sûrs, et entre autre par des requins. Tu es très populaire chez eux car ils savent que tu fais tout pour les sauver. »

C'est un peu déconcertant mais ça fait toujours plaisir de savoir qu'on est populaire dans ce milieu qui est peut-être, de tous les animaux marins, celui qui est le plus craint et qui fascine le plus les humais :

« Et puis, je serait toujours là pour toi, même si tu ne veux plus faire le sexe avec moi. »

140

Je lui souris pour la rassurer sur ce point alors que nous arrivons devant un groupe constitué essentiellement de näcken ayant forme humaine, principalement des femmes et habillées dans des tenues modernes, beaucoup en maillots de bains, mais aussi des costumes, comme on en porte dans les bureaux ou d'autres tenues, variées et bariolées. Je ne peux m'empêcher de remarquer :

« Vous étiez opposés à cette action, ce qui ne vous a pas empêchés de récupérer les corps. »

L'une d'elle, qui semble avoir un rôle important au conseil, me répond sans colère :

« Que veux-tu, Sigurd, nous ne pouvions pas laisser pourrir un tel nombre de corps et, de plus, nous avons pensé que ça te serait plus agréable de parler avec des humains. »

Du coup, je suis gêné, et je regrette ma réflexion et je l'écoute, tandis qu'elle enchaîne, toujours avec le plus grand calme :

« Je sais que ce qui est arrivé t'a mis en colère, et je le comprends. Nous avons aussi été dépassés par cette action qui n'était pas prévue se dérouler comme ça et aussi vite. »

Je regarde cette jeune femme en tenue de bain. En fait, ce qui me gêne, c'est de ne pas pouvoir donner de nom à ce corps, de ne rien savoir d'elle sauf les circonstances de sa mort. Elle était sans doute sur la plage quand la vague est arrivée, l'a assommée et emportée dans l'océan :

« Nous tenons à garder le contact avec toi, d'autant plus que nous n'ignorons rien du travail que vous faîtes au centre et nous avons une grande confiance dans ton jugement. »

Je lui rends la politesse comme dans le meilleur des mondes :

« Oui et je reste votre ami fidèle tant que vous voudrez de moi. »

J'aime bien le corps potelé mais sans excès de cette femme à la peau blanche et au ventre bombé sous un maillot dont le bas est tenu par une ficelle que j'ai grande envie de tirer :

« Nous l'espérons, car tu connais notre situation et nous avons besoin de ton aide. »

Après cet échange de politesses, il est temps d'entrer dans le vif du sujet et de montrer que je peux leur être utile :

« Je pense que le mieux pour contrer les groupes extrémistes, c'est de montrer que vous êtes capables d'agir pour résoudre les problèmes, mais sans pour cela vous attaquer à des innocents ou provoquer des catastrophes spectaculaires. »

J'aime bien parler devant les poissons et qu'ils m'écoutent bouche bée. Je continue mon discours mais en faisant preuve de plus de prudence que la dernière fois :

« Ce qu'il faudrait, ce serait faire couler les navires qui pratiquent la pêche sauvage et détruire les ports d'où ils partent. »

Le débat continue au sein du conseil dont il semble que je fasse désormais partie. La belle blonde m'explique son souci :

« Le problème, c'est que nous n'arrivons pas à identifier ces navires avant qu'ils fassent des dégâts. »

Il est sûr que l'avantage d'une grande ville est qu'elle bouge beaucoup moins, mais ce n'est pas une raison. Un délégué des requins propose avec une voix grave, un peu effrayante :

« Nous allons explorer les mers de long en large et repérer les bateaux qui pratiquent la pêche sauvage et vous les signaler. »

C'est une bonne idée, sauf qu'elle présente beaucoup de risques. Pour la première fois, je m'adresse directement à un requin :

« Il faudra y aller à grande distance parce que ces navires sont mortels sur une très grande superficie et vous risquez d'y perdre beaucoup des vôtres. »

Voilà une question grave car la mortalité des animaux marins est suffisamment alarmante sans qu'ils aillent se jeter dans les mailles du filet, au sens propre du terme. J'en profite pour remettre les humains dans la course :

« Par contre, ils partent de ports que je peux identifier et, à partir de là, reconstituer leurs trajets et peut-être même leurs zones d'actions, et il suffira d'attaquer avant. »

143

Cette même femme sans nom dont le corps sensuel me trouble d'autant plus que je sais que je n'aurais qu'à demander pour pouvoir en user à ma guise déclare alors :

« L'idée est bonne et elle est adoptée à l'unanimité. »

Il est étrange d'observer les débats. Chacun sachant ce que l'autre pense, il n'y a pas de vote comme on pourrait en imaginer un dans le monde terrien, et celle, ou celui, qui préside le débat connaît d'emblée l'avis de tous ceux, pourtant nombreux, qui siègent au conseil. C'est, du-moins, ce qu'Emma m'a raconté.

« Il faut que je demande au centre si nous pouvons prévoir les itinéraires de ces navires. Et, pour ce qui est des ports comme de ces navires, je vous demande juste de laisser une chance au personnel de pouvoir s'enfuir par les bateaux de sauvetage. »

Encore une fois, ça fait l'objet d'un étrange vote silencieux avant que je reçoive l'accord de la responsable du conseil :

« C'est d'accord, mais nous ne pouvons pas te garantir que les extrémistes respecteront cette trêve. »

J'en suis bien conscient, hélas, et je réitère ma demande de rencontrer un membre du GANAT. Cette fois-ci, c'est une jolie jeune fille de type asiatique et à l'allure timide qui me répond :

« je suis membre du Parti Inter-maritime Näcken Anti Terriens, et même, à un assez haut niveau puisque je suis la représentante de ce parti au conseil. »

Elle est vêtue d'un tailleur sage et je l'imagine mal étant la chef d'un tel parti. Pourtant, elle y a sans doute un rôle important car son avis est pris en compte au conseil. je me demande où elle veut en venir et l'écoute donc poliment :

« Même au sein du PINAT, les extrémistes sont une exception et ceux qui sont restés fidèles à une ligne modérée, bien que forte, soutiennent ton projet. »

C'est en fait extrêmement inquiétant car ça veut dire qu'une minorité de näcken a pu tuer plus de huit millions d'humains. Je n'ose penser à ce que ça serait si tout les habitants des mers et océans décidaient de se révolter :

« Je vais faire tout mon possible pour t'aider, je te le promets, et je t'accompagnerai moi-même pour les rencontrer, mais ce ne sera pas sans risques car il est difficile de prévoir leurs réactions et que nous devrons y aller seuls. »

Je contemple la jeune asiatique qui est très belle et serait mieux sans cette tenue grise qui ne la met pas en valeur alors qu'elle doit avoir un corps superbe. Mais l'heure est grave, et pas du tout à la gaudriole, bien que les näcken semblent étrangement portés dessus :

145

« Je dois prendre le risque. Il faut sauver la mer et, en même temps, je ne veux pas d'autres catastrophes comme celle-ci. »

Je ne peux oublier tous ces corps que j'ai dû enjamber après le passage de la vague. C'était un spectacle que je ne pourrai pas oublier et qui va hanter mes nuits durant longtemps. La jeune asiatique me dit alors :

« Je viendrai te chercher quand tu plongeras de nouveau. J'espère que, d'ici-là, j'aurais obtenu un accord garantissant ta sécurité. »

Moi aussi car je peux craindre le pire, moi qui représente tout ce qu'ils détestent. Je vais être comme un médiateur juif au milieu d'une délégation nazie et il va falloir que je fasse preuve de finesse si je ne veux pas me faire dévorer tout cru :

« En attendant, je vais faire de mon mieux pour obtenir des informations et leur faire quelques propositions pour calmer leurs ardeurs. »

J'ai conscience que mon rôle sera de provoquer des catastrophes pour éviter le pire, mais je dois tout faire pour bien cibler les attaques et éviter que ce qui s'est passé se reproduise...

XIII

« Je leur ai promis de faire tout mon possible pour proposer une réplique proportionnelle à leur colère et adaptée à la situation, et je vais devoir tenir mes promesses si je veux survivre à ma prochaine plongée. »

Hélas, tout mon possible, je ne sais pas jusqu'où ça ira, et ça fait l'objet d'une réunion immédiate, dès mon retour, avec Frida, Ida et Torsten, les seuls qui peuvent être au courant de tout, tant que Torsten a instauré un niveau spécial. Je leur ai fait un rapport complet sur la terrible menace qui pèse sur l'ensemble des terriens et qui ne manque pas de les inquiéter :

« Il faut leur proposer des cibles raisonnables pour éviter le pire. »

Torsten n'est pas très enthousiaste :

« Je ne sais pas ce que tu entends par cibles raisonnables, mais ça signifie aussi devenir les complices de ces extrémistes qui pourront alors te demander toujours plus. »

C'est une vision terrienne de la situation :

« Les näcken ne demandent qu'une chose, c'est de vivre en paix et n'ont pas d'ambitions politiques. Tout rentrerait immédiatement dans l'ordre si je pouvais leur donner l'assurance que leurs vies ne sont plus menacées. »

Ce sont deux visions, terrestres et maritimes, qui s'affrontent, deux conceptions de la vie qui s'affrontent. Celle des näcken et des autres habitants de la mer est simple, il s'agit pour eux de survivre. Celle des humains est tortueuse et différente chez chaque être humains, chacun ayant des ambitions individuelles bien éloignées de cette vision terre à terre des animaux marins qui sont plus communautaristes :

« Si le groupe extrémiste n'a plus de raison d'exister, il disparaîtra, tout simplement, car les animaux ont autre chose à faire que s'occuper de nous. »

Finalement, Torsten se rend à mes raisons mais s'inquiète cependant, et cette fois, pour mon humble personne :

« Tu as raison, Sigurd, le danger est grand de laisser peser sur les hommes une telle menace, mais ce que tu projettes me paraît suicidaire si ils ont décidé d'éliminer aussi les hybrides, et ils ne se gêneront pas si ils ne veulent pas des cibles raisonnables que tu leur proposera. »

Je ne le sais que trop. Je plongerai demain sans savoir si je remonterai. Mais il faut que je le fasse :

« Si je ne tente pas de l'éviter, comment je pourrai vivre si une nouvelle catastrophe tue des millions d'innocents ? Si j'ai une chance de les sauver je ne peux pas la laisser passer. »

Torsten le sait parfaitement mais n'aime pas non plus ce que ça implique, bien qu'il comprenne mes motivations :

« Cela veut dire que nous allons devoir repérer et signaler des installations humaines pour qu'elles soient détruites, ce qui s'apparente à des actions terroristes. »

Oui, en quelque sorte. Pourtant, il s'agit d'empêcher qu'une catastrophe comme celle de New-York se reproduise, et j'ai la garantie qu'il n'y aura pas de victimes, enfin, du conseil, pour le GANAT, j'en saurai plus demain. Torsten reste peu enthousiaste :

« Et puis, je ne sais pas comment nous allons pouvoir obtenir de telles informations. »

C'est vrai, je n'avais pas songé à ça. Ce qui, vu sous la mer, me semblait assez simple, pose de gros problèmes quand on revient sur terre. Ida enfonce le clou :

« Tu te rends compte, Sigurd, que si notre implication dans de telles opérations venait à être découverte, nous pourrions être inculpés de complicité... »

Je m'en rends parfaitement compte, et pourtant, il va bien falloir faire quelque chose. Et puis, il va être difficile de nous inculper de complicité avec les poissons et les requins et de prouver que nous sommes pour quelque chose dans une tempête dévastatrice. J'insiste encore :

149

« Si nous ne faisons rien, nous risquons bien pire que ce qui s'est passé à New-York, et il m'a été promis qu'il n'y aurait que des dégâts matériels. »

Il est vrai que c'est la moins pire des solutions mais qu'elle reste une décision très grave sur le plan moral. Frida est pourtant très nettement de mon côté :

« Entre la destruction d'installations navales et le ravage d'une ville impliquant la mort de millions de personnes, il n'y a pas à hésiter, je suis avec toi, Sigurd. »

Toutes ces hésitations font toute la différence entre donner la priorité aux aspects humains ou financiers, et Frida se montre décidée, prenant la parole avec énergie :

« J'en prends la responsabilité et je vais faire des recherches sur Internet. Vous pourrez toujours prétendre que vous n'en saviez rien. »

C'est courageux de sa part, d'autant plus qu'elle n'aura pas, comme moi, le recours d'échapper à d'éventuels ennuis en plongeant dans la Baltique, mais elle a été aussi très choquée par ce qui est arrivé à sa mère, et nous évoquons ensuite la question des hybrides dont il semble difficile d'estimer le nombre, mais qui semblent très rares, seulement trois ayant été identifiés à ce jour. Frida nous confirme ce que nous savions déjà :

« En tous cas, ma mère ne veut plus participer à nos expériences. »

Madame Björck a été claire sur ce point. Après cette hospitalisation, officiellement mise sur le compte d'un accident automobile alors qu'elle se rendait à Stockholm :

« Elle souhaite rentrer chez elle et ne plus voir personne du centre, mais elle a promis de rester discrète. »

Selon ce que me raconte Frida quand nous-nous retrouvons seuls dans notre bureau, elle a été très marquée par l'épouvantable drame dont elle a été témoin et est très dépressive :

« Elle s'est réveillée au milieu de cadavres, dont des enfants, qui étaient prisonniers, comme elle, d'un manège effondré... »

Il y a de quoi marquer une personne, quel que soit l'opinion qu'on a de la politique pratiquée par un pays, et je comprends parfaitement sa décision. Mais, désormais, me voilà seul pour prévenir la révolte des mers qui se prépare. J'ai vu Dora, mais très peu. Elle est très entourée par une équipe de scientifiques qui étudient de près l'évolution de ce premier fœtus hybride et qui espéraient avoir un deuxième cas avec l'enfant que j'aurais eu avec la mère de Frida. Mais il n'est plus question d'une telle opération que personne n'a même osé lui proposer. Torsten suggère cependant :

151

« J'aimerais que nous pratiquions des tests ADN sur Nathalie pour savoir si elle ne serait pas une hybride, elle aussi. »

J'ai eu le malheur de lui parler de quelques observations qui tendraient à le laisser croire, mais pour le reste, je m'y oppose, presque avec violence :

« Vous ne voulez tout de même pas que je lui fasse un enfant ? »

De toutes façons, elle est trop jeune pour ça, sur le plan légal, mais aussi anatomique, mais surtout, je ne tiens pas à ce qu'on mêle ma famille à ces recherches qui, pour moi, ne mènent à rien. Torsten me rassure aussitôt :
« Non, bien sûr, mais il serait utile de le savoir. »

Utile pour quoi ? Je m'abstiens de réagir et commence à me demander si je ne devrais pas chercher un nouvel emploi ou bien reprendre la menuiserie où je travaillais et dont le patron vient de prendre sa retraite. Torsten devine mon état d'esprit et se reprend aussitôt :
« Ne t'inquiète pas, Sigurd, nous ne ferons rien sans t'en parler. »

Je l'espère et décide même, qu'à partir de maintenant, Nathalie comme Hervor auront affaire à un médecin local plutôt qu'à celui du centre. En attendant, je me retrouve avec Frida dans le bureau et elle ne tarde pas à trouver une carte des installations de forage en mer :

152

« Voilà, tu n'as plus qu'à mémoriser ces endroits... »

Je n'ai plus qu'à, mais ce n'est pas gagné, car trouver un emplacement quand on est dans l'eau est très différent par rapport à cette même recherche à partir d'un point terrestre et il va falloir que je les retrouve en partant d'un point que je ne sais pas situer sur la carte :

« Tu peux me donner le sens des courants maritimes ? »

Car je commence à les connaître et savoir m'en servir. Nous travaillons longuement sur ce sujet afin que je puisse guider les näcken, et en particulier ceux du Groupe d'Action Näcken Anti-Terrien que je compte inviter à la fête, en dépit des avertissements que j'ai reçu de Torsten au sujet de cette rencontre :

« Il est indispensable de leur montrer d'autres manières d'agir avant qu'ils provoquent d'autres catastrophes, et je crois, qu'en attendant mieux, ces petits cadeaux leur plairont. »

Je suis conscient du risque mais décidé à le courir, sachant qu'il n'y a pas d'autre issue et je consulte avec attention quelques articles sur les entreprises pratiquant la pêche sauvage, mais si j'ai une vague idée géographique, le Pacifique nord-ouest, je n'ai pas encore de stratégie que ne mettraient pas en danger mes amis aquatiques :

« Je verrai demain comment ça se présentera. »

153

La journée se termine et j'ai hâte de retrouver ma petite famille. Pourtant, je sens que Frida a quelque chose à me dire, et elle tourne autour du pot, hésitante et stressée :

« Fais attention, tu es un futur papa. »

Oui, je le sais, déjà avec deux filles et attendant un troisième enfant, bien que je ne pense pas que l'équipe scientifique me laissera la possibilité de m'en occuper. Et puis, futur papa ou non, j'ai bien l'intention de revenir sain et sauf de cette expédition :

« Je tiens trop à vous, à toi, à Nathalie, à Hervor et à Ingrid, pour ne pas revenir sur cette terre où j'aime et suis aimé. »

 Elle a été très sensible au fait que je la place en tête de liste de mes préoccupations affectives mais ce n'est pas encore ça :

« Tu as oublié quelqu'un, mais dont tu ne connais pas encore l'existence. »

Effectivement, si j'aime quelqu'un que je ne connais pas, c'est autre chose. Mais, décidément, je ne vois pas où elle veut en venir. Soudain, elle relève largement sa robe. Je crois qu'elle a envie de faire l'amour, il est vrai que nous avons été si occupés que nous n'y avons pas songé. Mais ce n'est pas ça car, quand elle prend ma main, ce n'est pas sur son sexe qu'elle la pose mais un peu plus haut :

« Il y a quelqu'un ici qui compte sur toi. »

154

Qui que ce soit, il ne doit pas être bien gros car son ventre est assez plat, du-moins, peu différent de ce que j'en connais. Mais je crois que je commence à deviner :

« Tu attends un enfant ? »

Elle me fait oui de la tête et je demande sottement :

« Et tu es sûre qu'il est de moi ? »

Elle me répond, sur un ton scandalisé :

« Bien sûr, de qui veux-tu qu'il soit ? »

Je ne sais pas, mais elle y met tant d'assurance que je veux bien la croire. Dans un élan spontané, je mets un genou à terre et embrasse son ventre et reste un long moment en cette étrange position tandis qu'elle caresse mes cheveux. Je ne sais pas quoi dire, mais cet acte parle pour moi et elle s'agenouille à son tour pour m'embrasser :

« J'ai profité du moment où j'étais allée voir ma mère à l'hôpital pour consulter, et le médecin a été catégorique. »

Quel dommage qu'elle ne soit pas hybride, elle aurait remplacé sa mère, mais, qui sait ? J'ai peut-être corrigé ce métissage. Elle me demande timidement :

« Tu crois que nous devons avertir Torsten ? »

Je ne vois pas en quoi ça le regarde et je n'ai pas du tout envie que Frida devienne un rat de laboratoire, comme Dora :

155

« Je ne crois pas que ça le regarde, mais tu fais comme tu veux. »

J'ai le sentiment qu'elle se range à mon avis et nous-nous aimons à même le sol avant que je rentre, paisiblement, retrouver ma femme et mes deux filles. Ingrid est toute heureuse et excité comme une puce. Je suis à peine arrivé qu'elle me traîne déjà vers une chambre :

« Viens voir, Sigurd, nous avons reçu les meubles et aménagé sa chambre. »

Voici au-moins une pièce dans la maison qui ressemble à quelque chose. Ah, si, il y a la cuisine qui est à peu près meublée. En tous cas, Ingrid a bien travaillé, mis des rideaux et tout est bien installé dans cette chambre impeccablement rangée, et pour cause, car Nathalie a une belle armoire pour peu de vêtements et seulement trois livres dans sa bibliothèque, mais ça changera avec le temps. Je remarque cependant un cahier sur le bureau et demande à Nathalie :

« Je peux regarder ? »

Elle n'a pas compris les mots mais saisi l'intention et elle me montre le cahier rempli de phrases en suédois. Ça me fait plaisir et je la complimente, accompagnant mes mots étrangers d'un baiser plus explicite :

« Nathalie fait des progrès, nous avons échangé quelques phrases, elle parlera vite, et elle m'aide pour Hervor. »

Ingrid se tire très bien de son rôle de professeur et toutes deux s'entendent bien, c'est déjà ça parce que je ne sais pas quand elle aura des documents en règle. Et puis, bientôt, elle devra aller à l'école :

« Je savais que je pouvais compter sur toi, Ingrid. »

Nous dînons et travaillons encore à son apprentissage, et c'est vrai qu'elle apprend vite, bien qu'utilisant encore des phrases de base, mais sans guide de conversation :

« Jag är amerikansk och jag lär mig svenska*. »

Pas si mal après une seule journée d'étude, et elle m'en sert d'autres avec fierté, mais mon esprit est ailleurs. Je me demande ce que sera demain pour ces oisillons, nos enfants dont nous détruisons le nid, je suis angoissé ce soir-là et Ingrid ne manque pas de s'en apercevoir :

« Qu'est-ce qui se passe, Sigurd ? J'ai le droit de savoir, même si ça doit m'angoisser. »

Oui, et je dois le lui dire. Mais il n'est pas facile d'apprendre à quelqu'un qui vous aime qu'on ne rentrera peut-être pas le lendemain soir alors que je viens tout juste de la retrouver. Je ne sais rien sur ce lendemain et ne peux rien lui dire :

« Tu sais très bien que ce que je fais est secret. »

Ça, Ingrid veut bien l'admettre :

* Je suis Américaine et j'apprends le suédois

157

« Je suis d'accord, Sigurd, et je ne te demande pas ce que tu feras. je veux juste que tu me dises franchement si ce sera dangereux. »

Je ne veux pas lui mentir. Je la trompe déjà assez et n'ai pas très bonne conscience quand je la retrouve alors que je sors des bras d'une autre et je lui réponds, presque honteusement :

« Oui, il y aura du risque, et je ne sais pas combien de temps ça durera. »

Cette nuit-là, Nathalie n'a pas voulu dormir dans sa chambre. Elle a encore peur d'être seule et besoin de nous sentir près d'elle. Pour ma part, je ne dors pas beaucoup, les images du drame de New-York passent devant mes yeux. Je revois ceux qui étaient vivants et que nous avions croisés sur la plage, toute cette foule anonyme condamnée à disparaître, puis ces corps que la vague avait laissé comme une preuve de son passage, et cet homme qu'on avait transporté avec nous dans l'avion et qui agonisait, non de ses blessures, mais d'avoir perdu ceux qu'il aimait... c'était ça qui donnait un sens à ma mission de demain, et pour ça que je devais risquer ma vie...

XIV

« Sois prudent, surtout. »

Je me prépare à plonger et Ida, inquiète, me fait cette dernière recommandation. Je suis un peu fatigué ce matin après une nuit difficile, et peuplée de cauchemars. Ingrid non plus, n'a pas fermé l'œil, très angoissée à l'idée que je vais encore prendre du risque, le lendemain. Même si elle ne sait pas exactement ce que je fais, elle ne peut plus ignorer que ce sont des missions très dangereuses et l'idée de me perdre la terrorise. Seule Nathalie, inconsciente de la menace et bien en sécurité entre nous deux, n'aurait été réveillée que par le tonnerre entrant dans la maison. Enfin, le matin, après des adieux difficiles, je suis parti le cœur un peu lourd et la gorge serrée, comme un soldat allant à la guerre, pour me retrouver avec Ida, le visage grave, sur le bateau du centre d'où je plongerai tout à l'heure :

« Ne t'inquiète pas, j'ai trop envie de retrouver les miens pour ne pas revenir,. »

Mais si c'était une garantie absolue de survie, beaucoup plus de soldats seraient revenus de la guerre. Pourtant, je n'ai pas le choix, trop de vies en dépendent, et puis il n'est plus trop temps d'y penser. Je fanfaronne, comme on le fait quand on n'est pas rassuré :

159

« Je serai rentré avant que tu te sois aperçu que j'étais parti. »

je plonge vers celle qui m'attend. Ce sera, cette fois, la belle asiatique en tailleur gris qui m'accueillera à la place d'Emma, cette femme qui était sans doute secrétaire dans un bureau et dont le corps se retrouve utilisé pour habiller la responsable d'une parti politique important, peut-être le seul puisque le conseil regroupe tous les habitants de la mer, quel qu'ils soient. J'ai une pensée plus légère avant de m'élancer :

« Dommage, ce tailleur ne lui va pas, mais elle doit être belle toute nue. »

Et la voici. J'ai à peine plongé et nagé quelques brasses quand je vois arriver la belle asiatique, celle qui doit me guider dans l'antre du diable des abysses :

« Bonjour, Sigurd, c'est bien que tu sois venu, ça montre que tu as du courage. »

Ou de l'inconscience, je commence à me demander ce qui convient le mieux pour expliquer mon intention d'aller en cet endroit où je ne suis pas le bienvenu à la rencontre de ceux qui veulent éradiquer les individus de mon espèce. Mais je suis là et autant aller jusqu'au bout :

« Je t'avais promis de t'aider, et c'est donc ce que je fais. »

Elle m'annonce alors :

« J'ai rencontré le GANAT, ils ont accepté de te rencontrer et se portent garants de ta sécurité durant cette entrevue. »

C'est plutôt une bonne nouvelle, enfin, si on peut leur faire confiance, et, comme j'ai hâte d'en avoir fini avec cette histoire qui reste tout de même un peu angoissante, j'enchaîne aussitôt et d'un ton faussement enjoué :

« Et bien, allons-y ! »

Je n'ai pas osé lui demander de faire le sexe avec moi, et puis, j'ai l'esprit ailleurs et je crois que je ne serais pas bon. Peut-être que quand nous aurons fait ce que nous voulons faire, nous aurons une occasion, et ça me plairait assez car elle est bien jolie avec ses longs cheveux noirs et brillants. Pour l'instant, j'ai d'autres questions qui me préoccupent je lui demande :

« C'est quoi la différence entre le PINAT et le GANAT ? »

Les deux se ressemblent beaucoup, et par leurs noms et par leur position radicalement anti terrienne, mais la belle asiatique m'apprend leurs différences :

« Les membres du Parti Inter-maritime Näcken Anti Terriens siègent au conseil, acceptent ses décisions et lui obéissent. d'autre part, ils admettent l'existence des autres espèces amies, comme les requins, les autres poissons et les hybrides, par exemple. »

Ravi de constater que nous sommes acceptés par ce parti :

« Le PINAT ne veut lutter contre les humains que parce qu'ils s'attaquent au nôtres de manière déraisonnable, même si nous leur reconnaissons le droit de pêcher pour se nourrir, nous pensons que le conseil est beaucoup trop laxiste et mou dans ses décisions. »

Finalement, ils ne sont pas si loin de la ligne normale, du-moins, selon ce que me dit ma charmante guide, car je les sais tentés par des actions beaucoup plus extrêmes :

« Mais alors, le GANAT ? »

Parce que ses membres semblent avoir opté pour une ligne beaucoup plus radicale :

« Le Groupe d'Action Näcken Anti-Terrien est indépendant du conseil et ne suit pas ses directives et, d'autre part, prône l'éradication totale des terriens mais aussi des hybrides. »

Des hybrides, ça ne fait pas beaucoup :

« Ils ne vont pas avoir beaucoup de mal, je suis pratiquement le seul hybride qui fréquente les eaux. »

C'est là que j'apprends vraiment ce que recouvre la notion d'hybride :

« Oh non, vous êtes nombreux, surtout dans la zone nord, mais l'hybride humain, dont vous êtes, toi et Dora, les seuls survivants connus, est le mieux apte à vivre dans les deux milieux. »

162

Ainsi, j'apprends que, pour les näcken, je suis apparenté aux cétacés et aux pingouins, et que j'ai peut-être des cousins phoques, ou otaries, ce qui fait toujours plaisir à apprendre, mais me fait avancer beaucoup dans la connaissance de mes origines et celles des autres hybrides, qui restent mystérieuses, mise à part cette question d'ADN que nous aurions en commun et qui fait de nous des jumeaux par leurs similitudes. Et puis, je ne crois pas que je pourrais avoir un enfant avec un phoque. Je n'en ai pas envie, en tous cas :

« Tu sais qui étaient mes parents ? »

Car là est toute la question qui me préoccupe depuis longtemps, enfin, seulement de temps en temps car je me satisfais d'un présent inespéré et, finalement, ne pas avoir de passé empêche d'avoir des regrets et de mauvais souvenirs. Et pourtant, la question de mes origines m'intéresse et j'espère que la jeune vietnamienne pourra y apporter quelques éclaircissements. Mais, hélas, mon espoir est déçu :

« Je ne sais pas. Des hybrides, il y en a toujours eu, et bien avant ma naissance, mais pour ce qui est des hybrides humains, il n'y a pas longtemps que j'en ai entendu parler pour la première fois lors d'une réunion du conseil, et je crois que personne, pas même les plus anciens d'entre nous, ne sait d'où ils viennent et quand ils sont apparus. »

163

Bref, rien de nouveau par rapport à ce qu'il savait déjà. Dora, l'Eve des hybrides est apparue peu avant lui et ils ne sont que trois à être connus dans cette espèce où le masculin l'emporte sur le féminin que d'une seule tête :

« Certains pensent qu'ils ont été créés par un Dieu commun aux êtres terrestres et marins pour empêcher les humains de continuer à saccager la mer, mais je ne sais pas si c'est vrai. »

Ainsi, nous aurions été créés par Dieu pour sauver le monde marin. Ça expliquerait certaines choses, en tous cas, et ça me plairait assez :

« Il y en a qui pensent que vous êtes le roi des mers. Mais les näcken aiment les légendes. »

Ce qui veut dire qu'elle n'y croit pas. Mais on ne peut pas toujours faire l'unanimité. Le voyage continue dans cet espace immense et magique et la nécessité de faire une pause les incite à entrer dans un ancien voilier où leur entrée fait s'échapper la colonie de poissons de toutes sortes qui s'y était établie mais laisse indifférents quelques vieux crustacés indolents :

« Viens, nous seront bien ici. »

Je sais, par expérience, que les näcken n'ont pas besoin de repos mais qu'ils feignent de ressentir cette nécessité uniquement pour avoir d'autres plaisirs. Je me doute déjà de ce qu'elle a dans la tête et qui devient plus clair quand elle me demande :

164

« Comment tu trouves mon apparence ? »

Il faudrait être difficile :

« Superbe, mais le costume ne va pas avec le physique. »

Elle semble un instant décontenancée et me demande, très perturbée par cette réplique :
« Pourtant, c'est celle qu'elle portait le corps que j'ai pris dans la réserve, et c'était un corps tout neuf. »

Je sais déjà que les näcken prennent les corps avec les vêtements qu'ils portent et qui font partie de l'ensemble, comme les bras :

« Rien a été changé et il arrivait directement de la catastrophe de New-York. »

Je sais déjà ce que j'ai envie de faire, mais je tiens à faire durer le plaisir, à retarder le moment où je retirerai le tailleur inadapté mais qui la rend plus excitante encore :

« Peut-être, mais les humains sont souvent obligés de porter des tenues qui ne leur vont pas pour faire comme les autres, ou parce que c'est obligatoire, là où ils travaillent... »

Je relève la jupe droite aussi haut que possible et caresse doucement ses cuisses qui se raidissent tandis que mes mains remontent vers le fin tissu qui couvre un ventre. Et toujours à mes caresses subtiles en un endroit intime, je lui parle de la question des uniformes et des tenues de travail, avant de conclure :

« Il te faudrait une tenue du pays, tunique et pantalon amples, ou une longue robe colorée et fendue sur le côté. »

Il est vrai qu'on trouve de tout dans l'océan, mais pour des produits précis, c'est comme dans un grand magasin, pour trouver ce qu'on veut, il faut être dans le bon rayon :

« Mais alors, qu'est-ce qu'il faut faire ? »

La réponse s'impose d'elle-même :

« La retirer, tout d'abord, mais ça je vais m'en occuper, si tu veux bien. »

Elle ne demande que ça, et j'ouvre lentement un corsage bien rempli pour caresser un sein mat sous un soutien-gorge blanc avant de continuer mon ouvrage, lui retirer sa jupe droite et caresser ses cuisse soyeuses dont la douceur n'est pas altérée par l'eau. C'est comme si j'étais à l'air libre mais que je savais voler et j'explore la peau sèche de la jeune asiatique, maintenant nue. Nous-nous aimons et, quand c'est terminé, elle me dit, comme si elle jugeait une prestation artistique :

« C'était très bien. »

Je ne sais pas si elle a apprécié et pris du plaisir, elle n'était pas expressive comme l'est Emma. Peut-être est-ce qu'ils prennent le caractère de ceux dont ils ont l'apparence. Ou alors, c'est que les näcken sont tous différents comme peuvent être les humains :

166

« En route, maintenant. »

Je la rhabille, mais surtout pour avoir le plaisir de la déshabiller à nouveau, puis nous reprenons notre route :

« Nous ne sommes plus très loin, maintenant. »

Je ne reconnais pas cet endroit, mais il est vrai que la surface couverte par les eaux est si grande, et il me faudrait la parcourir pendant des siècles pour prétendre connaître ce gigantesque royaume. Soudain, deux SS se présentent devant nous, et il me semble reconnaître ceux qui nous avaient escortés jusqu'à New-York :

« Nous sommes chargés de vous escorter jusqu'au conseil du GANAT. »

L'ambiance n'est pas hostile entre la jeune asiatique et les deux dissidents que nous suivons calmement jusqu'à une nouvelle cité aménagée dans les cavités de reliefs sous-marins. Je remarque que beaucoup ont des corps masculins, beaucoup sont en costumes et certains en uniformes, dont quelques policiers new-yorkais. Je ne suis pas très rassuré et pourtant, aucun d'entre eux ne montre d'intentions hostiles, et j'arrive bientôt devant un groupe d'hommes et de femmes, sans soute le fameux conseil du GANAT dont elle m'avait parlé :

« Bienvenue à toi, Sigurd. »

Un homme en complet veston me salue de manière théâtrale et m'invite à parler :

167

« Je peux vous aider à détruire ceux qui massacrent tant des vôtres. »

Pas la peine de faire des ronds de jambes à ceux dont l'un des buts est de m'éliminer, et j'entre dans le vif du sujet. l'homme me répond :

« Je sais et nous sommes prêts à te suivre. »

L'ennui, c'est que je suis un peu désorienté et je compte sur la belle asiatique pour m'aider :
« Je dois d'abord retourner vers l'endroit où sont entreposés les corps. C'est de là que je pourrai revenir vers les lieux où circulent ces navires et vous montrer d'où ils partent. »

C'est que, l'océan, c'est bien beau, mais ça manque de panneaux indicateurs. L'homme décide alors, et avec énergie :

« Et bien, allons-y ! »

Je me retrouve à la tête d'une colonne impressionnante, conscient que j'ai intérêt à leur offrir du concret, sinon, je risque d'avoir quelques soucis, mais je tente de garder mon calme alors que nous remontons vers le nord. c'est alors que la chance me sourit car je vois soudain la queue d'un gigantesque filet :

« N'allez pas plus loin ! »

Je réfléchis alors au moyen de mener cette bataille navale :

« Je dois connaître sa direction pour que nous puissions l'attaquer sans nous faire prendre par ses filets. »

Des milliers de poissons de toutes tailles se débattent dans le gigantesque piège que je dois attaquer. J'observe d'abord sa direction :

« Il faut que je me rapproche de la surface, j'aurai une meilleure vue, vous ne bougez surtout pas pendant ce temps. »

Je me suis imposé comme le chef, ce qui est déjà une victoire en soit. Maintenant, il faut que je réussisse le second acte. La belle asiatique me suit en dépit du danger :

« Prends garde à toi. Si le bateau vire brusquement de bord, nous risquons d'être pris dans les filets. »

Nous remontons lentement vers la surface, en respectant les paliers, ce qui est pour moi vital et qu'elle ne fait que pour rester à ma hauteur. Enfin, je vois la coque et peut déterminer à quelle distance et dans quel sens va le bateau :

« Il faut l'attaquer par là après avoir contourné largement ses filets. Tu peux chercher les autres. »

Il est difficile de parler avec des gens qui n'ont pas de noms, ça fait un drôle d'effet. Si nous continuons à nous fréquenter, il faudra que je lui en trouve un. Durant l'attente, j'observe le navire, une vieille carcasse métallique rouillée qui s'avance doucement. Je ne peux voir les hommes à cause du bastingage mais j'aperçois des bateaux de sauvetage :

169

« Cette coque de noix aura à peine besoin d'aide pour couler et ça ne sera pas une grande perte, si il n'y a pas de victimes humaines. »

J'ai remarquer qu'il penchait fortement vers l'arrière, certainement à cause du poids des filets et, quand les autres me rejoignent, ma stratégie est arrêtée :

« Il faudrait faire entrer une grande quantité d'eau par là pour le faire couler en douceur. »

Chose dite, chose faîte, et je vois monter une vague gigantesque, beaucoup moins haute que celle de New-York, impressionnante au niveau où je suis. Elle entre rapidement dans le bateau avant que j'ai eu le temps de comprendre d'où elle venait et, peut-être même que les marins aient pu la voir et la carcasse se soulève dans le bruit sinistre du métal. Je n'ai qu le temps de hurler :

« N'oubliez pas que vous m'avez promis que les marins survivront. »

Mais tout est déjà terminé, le bateau n'a mis que quelques secondes pour couler. Je vois quelques hommes qui nagent et la couleur de leurs peaux me laisse penser que nous sommes au large de l'Afrique. C'est une première victoire qui augmente la confiance qu'ont en moi mes pires ennemis, mais je sais qu'elle ne sera pas suffisante...

XV

« Maintenant, nous devons nous attaquer aux installations portuaires où se trouvent les grandes entreprises qui pratiquent la pêche sauvage. »

Ce qui est la partie essentielle d'attaques que je veux ciblées et efficaces et qui nous obligent à faire ce même voyage que j'avais fait jadis, passant par le nord pour arriver dans le Pacifique C'est là que j'avais appris les emplacements des ports pratiquant la pêche industrielle la plus sauvage et que je dois offrir au membres du GANAT comme preuve de ma bonne foi et pour calmer cette révolte destructrice :

« Il faut que nous y soyons de nuit, à une heure où personne ne travaille, et que la vague ne s'attaque qu'au matériel, pas aux gens. »

Et tout le monde est d'accord sur ce point au moment où nous arrivons au large du premier port. J'y fais une rapide reconnaissance pour y trouver un grand nombre de bateaux de pêche, tous identiques et gigantesques, et alignés les uns contre les autres :

« C'est l'un des ports où sont les navires les plus meurtriers de la planète et, à cette heure, il ne doit pas y avoir grand monde. »

Voilà de quoi faire un magnifique coup et je redescends immédiatement :

171

« C'est bon, vous pouvez y aller, mais que la vague n'aille pas trop loin dans les terres pour ne toucher que les bateaux et les installations portuaires et épargner les habitations. »

Je crois qu'ils ont compris et, même si je suis conscient qu'il y aura des victimes, gardiens de nuit, personnel de permanence à bord... C'est le moins pire de ce que je pouvais imaginer et assez spectaculaire pour marquer les esprits obtus des humains. Au bout d'un moment, le responsable du GANAT me dit :

« C'est terminé, tu peux aller voir le résultat. »

Quand je remonte à la surface, c'est assez impressionnant. Tous les bateaux sont encastrés les uns dans les autres, formant une étrange sculpture moderne, mais il m'est difficile de voir plus loin et je ne tiens pas à m'aventurer dans le port. Nous recommençons la même opération plusieurs fois et avec la même précision avant que je décide de rentrer. La belle asiatique, qui m'accompagne, est enchantée par le résultat des opérations et ses conséquences sur pour le futur. Il faut dire que le port est inutilisable pour un bon bout de temps, et quant à ses gigantesques navires, ils sont bons pour la ferraille :

« Je te remercie pour ce que tu as fait, Sigurd, et j'espère que beaucoup de membres du GANAT changeront d'avis et décideront de rejoindre le PINAT. »

172

Pourtant, si j'ai arrangé la situation pour un moment, et surtout pour les hybrides, je suis bien conscient que rien n'est résolu à long terme :

« Je suis content de t'avoir aidé mais je voudrais que ton parti n'oublie pas que beaucoup d'êtres humains se battent contre les massacres dont vous êtes victimes. »

Je ne sais pas si le message est passé et le Parti Inter-maritime Näcken Anti Terriens reste avant tout anti terrien. j'ai calmé une révolte qui menaçait le monde terrestre mais je n'ai pas tout résolu, et même, si j'ai l'espoir que le GANAT sera affaibli par cette opération, il continue d'exister et son responsable ne m'a pas parlé de sa dissolution. J'ai peut-être sauvé quelques grandes villes, mais je ne suis pas certain d'avoir tout résolu. D'ailleurs, la réponse de la belle asiatique est assez ambiguë :

« C'est promis, nous ferons la distinction, et en particulier avec les semi-hybrides et les membres du centre qui seront épargnés. »

Je me demande comment ils feront la distinction entre les semi-hybrides et les autres humains, mais je sais que les näcken ont le moyen de savoir ce que nous ne pouvons pas deviner, un système proche de la télépathie qui devine qui nous sommes et ce que nous pensons. Elle ajoute alors que nous arrivons au point d'où je suis parti :

173

« J'espère que nous-nous reverrons. J'ai aimé faire le sexe avec toi. »

Étrange manière de me dire au-revoir, mais je sais que c'est une habitude chez les näcken, et je lui réponds sur le même ton :

« Moi aussi, surtout que j'aime beaucoup ton corps. S'il-te-plaît, n'en change pas. »

Quand je remonte sur le bateau, il ne s'est pas écoulé plus de quelques minutes en temps terrestre mais il faut un moment pour qu'arrivé l'information alors qu'Ida est en train d'écouter la radio et elle qui m'apprend ce qui est arrivé :

« Cette nuit, des vagues gigantesques ont détruit entièrement les plus grands ports de pêche industrielle du Pacifique... »

Elle suspend sa phrase et me regarde d'un air inquisiteur, se doutant que, d'une manière ou d'une autre, je suis impliqué dans cette affaire, mais je me contente de demander :

« Il y a des victimes ? »

Elle écarte les bras en signe d'impuissance :

« C'est encore la nuit, là-bas, et ils n'ont rien de précis à ce sujet. »

Nous repartons alors vers la côte et rentrons au centre peu après :

« S'il-te-plaît, Ida, je vais rassurer Ingrid et je reviens tout de suite au centre pour la réunion. »

Elle était si inquiète, lors de mon départ. Mais Ida me rassure :

« Il n'y aura pas de réunion ce matin et tu dois te rendre à l'atelier dès que tu pourras pour faire le coffrage en chêne pour notre prototype de distributeur. »

Je l'avais oublié, celui-là. C'est pourtant un projet important pour le centre, mais comme tout est vain après ce que j'ai vécu. Ida ajoute :
« Notre roi doit venir visiter le centre dans deux jours et nous lui offrirons à cette occasion. »

Et puis, il y a cet épisode que je n'ai pas suivi, étant provisoirement éloigné dans un hôpital américain :
« Torsten a conclu un accord avec l'entreprise allemande qui nous fabriquera des tasses en utilisant des feuilles d'arbres. »

La suppression totale de l'usage du plastic, une de nos priorités et que j'ai promis aux näcken d'obtenir, n'est pourtant pas pour demain. Si on culpabilise les petits avec les sacs pour faire les courses, l'industrie utilise le plastic en masse et pour tout, tant qu'il n'y a plus un objet qui ne soit pas fait dans cette matière, les appareils ménagers, petits et gros, le matériel électronique les carrosseries des voitures... Ce ne sont pas les usagers qui choisissent cette matière destructrice entre toutes, mais bien ceux qui nous disent de ne pas l'utiliser et qui nous l'imposent :

« J'espère que le roi pourra nous aider pour réaliser un tel projet. »

Hélas, les rois qui sont faits pour réaliser le bonheur de leurs peuples, préserver le patrimoine du royaume, tant écologique que culturel, et qui ont été élevés pour ça, n'ont plus aucun pouvoir aujourd'hui. Ceux qui gouvernent aujourd'hui, présidents, ministres, parlementaires de toutes sortes ne sont plus utiles que pour servir les grands industriels qui sont les véritables maîtres du monde et ne pensent qu'au profit et se moquent bien de l'homme, de la nature et des animaux. Je suis certain que rien n'aurait été changé si les responsables politiques avaient su à l'avance qu'une catastrophe allait se produire et n'auraient pas risqué un seul de leurs précieux dollars pour l'éviter. Quant à notre roi, si il le voulait, il ne pourrait rien faire :

« Il nous faudrait une monarchie absolue dans laquelle le roi serait responsable de ses actes et non le peuple parce qu'il aura élu celui qu'il ne fallait pas comme c'est le cas dans les systèmes électoraux. »

Ida reste optimiste. Torsten a les moyens de réaliser son projet et il y mettra tous les moyens dont il dispose :

« Nous allons réalisé ce grand projet d'un pays respectant totalement la nature. Les suédois ont l'écologie dans le sang et, pour eux, ce ne sont pas que des grandes théories. Je suis certain que dans ce pays, une telle chose est possible. »

En attendant, il faut que je travaille, que je continue ce coffrage artistique en bois de chêne que je serai très fier d'offrir à ce grand roi, et je me mets à l'ouvrage après avoir été embrasser Ingrid et mes filles, après avoir rassuré mon épouse sur le fait que j'étais toujours en vie et déjeuné en famille plutôt qu'au restaurant, un petit repas simple mais au bon goût d'amour :

« J'aurai terminé avant la visite du roi. »

J'ai le ciseau facile et beaucoup d'imagination dès qu'on me met un morceau de bois entre les mains. Et puis, ces jours-ci, j'ai décidé que je ne plongerai pas, je veux me concentrer sur mon œuvre et prendre un peu de large vis à vis de ces affaires sous-marines. J'ai l'impression qu'ils m'utilisent dans leur conflit et je veux garder un peu d'indépendance :

« Je leur ai donné New-York, un navire et deux ports, c'est déjà bien suffisants comme ça. »

Je n'arrive pas à oublier ma responsabilité dans ce qui est arrivé à New-York. Bien sûr, il fallait donner un nom, et rien ne devait être fait si nous faisions des efforts pour ralentir le massacre déraisonnable auquel nous-nous livrons :

« Pour les näcken, quelques millions d'hommes ne sont rien en comparaison avec les centaines de milliards d'habitants des eaux qui sont tués chaque années et ce ne sont pas eux qui ont déclaré la guerre. »

Bien sûr, les humains ne calculent qu'en tonnage de pêche, mais une estimation du nombre de poissons tués a pu être faite à partir de leurs poids moyens, on conclut que nombre de poissons capturés chaque année est de l'ordre de mille milliards par ans :

« Pour environ sept milliards d'habitants de la Terre, cela signifie que nous mangeons plus de cent-quarante-deux poissons par ans, soit, à peu près trois par semaine et par habitant. »

Si il n'est pas excessif, sur ce plan purement statistique, ce chiffre ne prend pas en compte les poissons capturés illégalement, ceux capturés accidentellement et jetés, ceux qui sont morts après s'être échappés des filets, la pêche fantôme, par des engins de pêche perdus ou abandonnés, les poissons capturés comme appâts et ceux capturés pour servir de nourriture dans les élevages piscicoles ou de crevettes ou les autres captures non enregistrées ou non déclarées* :

« Et puis, il y a le massacre des alevins, qui n'est pas quantifiable, et, en particulier, celui des civettes, et il y a la destruction de l'habitat de la faune marine, de ses refuges, à cause de moyens de pêche inadaptés. »

* D'après un extrait du chapitre dix-neuf du rapport : « Worse things happen at sea : welfare of wild caught fish. » publié sur le site fishcount.org.uk.

Ce n'est pas le petit pêcheur artisanal qui est en cause, celui qui respecte les lois de la nature parce qu'il vit avec elle et dépend d'elle, mais la pêche industrielle qui ne connaît que le loi du profit à outrance :

« J'ai eu raison de montrer aux näcken les véritables coupables. »

Je ne sais pas encore si il y a eu des victimes. Sans doute quelques unes, mais c'était inévitable, et je sauvais ainsi ceux qui auraient été tués dans de nouvelles opérations aveugles. Mais je ne suis pas sûr que cette opération calmera les näcken, surtout que d'autres massacres auront lieu qui viendront attiser leur colère et que les bateaux seront reconstruits dans les installations portuaires qui auront été remises en état et les filets maillants perdus ou abandonnés continuent à pêcher :

« Un jour, c'est la nature toute entière qui se révoltera, et nous ne pourrons plus rien faire. On n'achète pas la nature, ni avec de l'or, ni avec des dollars. »

Je ne suis pas de bonne humeur alors que je taille dans cette matière sacrée qui a coûté la vie d'un arbre. Mais l'arbre a été créé pour servir l'homme si celui-ci ne détruit pas toutes les forêts :

« Tout avait été créé pour notre bien-être, et nous saccageons tout. »

179

J'en viens à me demander si la disparition de l'homme ne sera pas une bonne chose pour éviter qu'il continue cette destruction systématique qui empire sans cesse de tout ce qui vit et ce qui est autour de lui. Mais que puis-je faire de toutes façons ? Si l'homme veut détruire son nid, je ne peux pas l'en empêcher et j'aurai déjà assez à faire pour sauver ceux que j'aime. Le lendemain, j'ai enfin terminé l'habillage du distributeur que Torsten et Ida viennent voir :

« Magnifique travail, Sigurd, tu as vraiment du talent, le roi sera content. »

Comme tout cela est vain. Pourtant, je suis fier quand le roi me complimente, le lendemain, lors de sa visite du centre en compagnie de son épouse et de sa fille, la future reine, qui est aussi intelligente et ouverte d'esprit que souriante et agréable à regarder. J'ai accroché ma décoration sur mon costume, il faut bien qu'elle serve à quelque chose, et le roi me parle avec beaucoup d'amitié sous les lumières des photographes :

« Vous avez fait un très beau travail, vraiment, je vous félicite. »

La famille royale peut ainsi goûter un café, un thé ou un jus de tomate très ordinaires, mais dans une tasse en feuille d'arbre. Je suis ému et ne sais que dire alors qu'Ingrid, d'un côté, tient Hervor dans ses bras et que Nathalie me serre très fort l'autre main :

« Il est très gentil, votre roi. »

Pour une américaine, il serait impensable de parler au président, mais le roi, lui, est près de ses sujets, de tous ses sujets :

« C'est aussi ton roi, maintenant. »

Je ne sais pas où en est Olof à ce sujet, mais je lui fait confiance. En attendant, le roi me fait des compliments sur ma famille, très amusé par notre échange qui n'était pas très protocolaire mais ne lui a pas échappé, puis il visite le laboratoire, s'intéressant à tout et partageant nos inquiétudes devant les conséquences dramatiques de la pêche intensive et de la pollution. Hélas, si il lui est possible de sensibiliser le peuple suédois, qui l'aime et le respecte, son influence est très limitée hors des frontières. Et même, le lendemain dans le journal, je ne lis que de l'accessoire et peu sur l'état de la faune et de la flore sous-marine ni sur la catastrophe qui se prépare, des sujets qui avaient été pourtant, même si, bien sûr, il n'avait pas été parlé des näcken et du risque qu'ils se révoltent. Par contre, j'avais droit à une belle photo de mon ouvrage et mon titre a même été cité par l'auteur de l'article :

« Un distributeur écologique de boissons a été offert au roi, un exemplaire unique en bois de chêne créé par le comte Sigurd Bergman de l'Uppland... »

181

C'était oublier toute l'équipe qui a contribué à cette réalisation et qui s'attaque maintenant à sa commercialisation. C'était oublier ce qui avait été dit sur une situation grave et qui risquait de se dégrader rapidement. Mais les journalistes aiment les titres de noblesse. Et puis, ils ne pouvaient pas savoir ce qui est l'un des secrets les mieux gardés au monde, connu seulement de quelques personnes qui ne seraient même pas prises au sérieux si elles décidaient d'en parler. C'était une jolie fête mais qui n'empêchera pas l'inévitable, les hommes, et je sais déjà que la plupart des espèces terrestres sont condamnés, si ce n'est l'homme lui-même...

À suivre : L'homme nu.

<u>**DU MEME AUTEUR**</u>

<u>**CONTES**</u> : **Domovoy sans Domovikha.**
Recueil de contes 17 contes : Domovoy, esprit des maisons. Visna, la petite poupée qui voulait avoir une âme, Un petit minou gris au maître solitaire, Un sou perdu, un étrange voyage..., Prems', la petite souris qui veut toujours être première...
<u>**A COMME**</u> : Phrases de grands hommes pour vous faire rire ou sourire au quotidien...
<u>**GUIDE MEDIEVAL :**</u>
Pas un dictionnaire du langage médiéval, mais quelques notions pour mieux aborder les parlers, l'art troubadour et la vie quotidienne dans une époque à découvrir....
<u>**DELIRES**</u> : De petits sketchs sur divers sujet, pour rire ou pour penser.
<u>**ROIS ET REINE DE FRANCE :**</u> Les rois de France de Pépin le Bref à Charles X et les reine, une liste pratique pour ne pas oublier et quelquefois découvrir l'Histoire d'une manière différente.

<u>**PARTITIONS**</u>

<u>**COURTS METRAGES**</u> : Recueil de partitions pour piano.
<u>**FANTAISIES POUR GUITARE SEULE**</u>

183

Une jeune fille de la noblesse pauvre est remarquée pour son courage, son aptitude aux armes et son intelligence par Monsieur de Maupeou, protégé du duc de Choiseul, chef du gouvernement de Louis XV, et se retrouvera proche de la reine Marie-Antoinette.

<u>**FICTIONS**</u>

<u>QUAND JE SUIS MORT</u> : Après son décès, un homme se retrouve entre deux monde et essaie de retrouver l'usage de ses sens et de comprendre ce qui lui arrive... Suite :
<u>UNE VIE DE FANTOME</u>
<u>GLOUP</u> : Un homme se réveille dans une tente, seul, en pleine Sibérie et part à la recherche de traces de vie dans l'immense pays désert...
<u>HYPOMAN</u> : Les dieux celtes décident de reprendre le pouvoir dans le monde moderne où règne la télévision.
<u>L'ARTUSIENNE</u> : Dans un café, un homme rencontre une femme au curieux comportement, venue de la planète Artus…
<u>LA VALISE INCASSABLE</u> : Les aventures d'une valise qui se retrouve impliquée dans le vol de près de cent millions de dollars de diamants.
<u>TELEPORTATION</u> : Luc, jeune lieutenant de l'armée de l'air issu de Polytechnique, est envoyé dans une section de recherche chargée de mettre au point la téléportation d'un être humain.
<u>ADONIS LEBEL</u> : Après trente années passées dans les archives d'une même entreprise, Adonis Lebel vient de perdre son emploi quand il hérite d'une fortune fabuleuse...
<u>THEOBALD</u> : L'histoire de la vie paisible d'un homme heureux...

185

<u>**LES MEMOIRES D'UN AMNESIQUE**</u>: Un homme est retrouvé, totalement amnésique, dans l'aéroport de Poissy et raconte sa vie et ses aventures pleines de quiproquos depuis le jour de sa « renaissance ». suivi de <u>**SIGURD,**</u>
<u>**LE ROI DES EAUX**</u>, dans monde mystérieux des abysses... <u>**LES HYBRIDES.**</u>
<u>**LA REVOLTE DES MERS.**</u>
<u>**L'HOMME NU.**</u>
<u>**ENFANT DE SALOP**</u> : Les mémoire d'un homme victime de la haine de son géniteur...
RESURRECTION ADN : Un biologiste en fin de carrière décide de retrouver sa jeunesse. Il va trouver le financement de l'opération grâce à un émir…

<u>**ROMANS HISTORIQUES**</u> **:**

<u>**LA JUIVE ET LE SS**</u> **:** En 1945, Sarah, jeune juive, engagée volontaire du SOE a eu l'idée de partager la cellule d'un criminel du guerre pour comprendre ce qui s'est passé qui l'a transformé en monstres et que ça ne se reproduise pas.

<u>**BARBE DE VERRUE**</u> **:** La vie d'une trobairitz du 13° siècle, et, à travers elle, des femmes de son époque ainsi que l'histoire des premiers hôpitaux.

<u>**L'HOMME D'IMBOLC**</u> : Un peuple fuyant un envahisseur mystérieux plusieurs siècles avant notre ère… Un scientifique travaillant sur une machine à remonter le temps…

<u>**LE GUIDE DE SAMAIN :**</u>
La rencontre de deux mondes et cette question : Les celtes ont-ils découvert l'Amérique ?

<u>**LE BARDE**</u> **:** L'évasion d'un serf, un long voyage vers la liberté de penser…

<u>**HIER**</u> **:** L'aventure d'un couple qui se retrouve deux siècles avant leur naissance, à la recherche de leur aïeul disparu...

<u>**LES ESCLAVES BLANCS**</u> **:** Une razzia dans une ferme fait découvrir à nos héros l'ampleur de la traite des blancs en Afrique du nord.

<u>**AZALAIS**</u> : Au treizième siècles, une petite fille née dans une roulotte, parmi des saltimbanques, raconte son histoire...

187

<u>LE FAUX MEDECIN</u> : 3 tomes.
Lors d'un bombardement, un homme se retrouve avec l'identité d'un médecin venu le sauver. Ce hasard fera de lui le témoin de l'héroïsme des premiers paras du débarquement...
<u>BEATRICE</u> : (4 volumes.) Au moyen-âge, une fillette, seule survivante du massacre des siens, décide de se venger...
Suivi par : <u>GROC HUELH ISNARD DE GRASSE</u>. <u>LA BATAILLE</u>
<u>COUP D'ETAT 1789</u> : Un jeune bandit parisien se trouve pris dans la tourmente de la révolution où il va être témoin des conspirations d'un des grands du royaume… Suivi par : **<u>NAUFRAGE</u>** et **<u>BLEU, BLANC, SANG</u>** et **<u>THERMIDOR</u>**

<u>**HENRIETTE D'AUBIET :**</u>
**Une page de notre Histoire, évocation libre de
la vie de Marie-Antoinette.**
<u>**12 volumes**</u>
Une jeune fille de la noblesse pauvre est remarquée pour son courage, son aptitude aux armes et son intelligence par Monsieur de Maupeou, protégé du duc de Choiseul, chef du gouvernement de Louis XV. Une grande carrière commence alors pour celle qui vivait alors comme une paysanne.

Suivi par :<u>**L'ELEVE ESPIONNE**</u>
<u>**L'OMBRE DE LA REINE**</u>
<u>**LA COLOMBE ET LES VAUTOURS**</u>
<u>**LA REVOLUTION AVORTE,**</u> ou l'histoire méconnue de la révolution de 1771.
<u>**LA FIN DES ILLUSIONS**</u>
<u>**L'INEVITABLE NAUFRAGE**</u>
<u>**LA MARCHE VERS LA MORT**</u>
<u>**LA VENGEANCE DES ANGLAIS**</u>
<u>**LES ADIEUX AU TEMPLE**</u>
<u>**LES TROIS DAMES**</u>
<u>**LA REPUBLIQUE SANGLANTE**</u>

<u>**LA FUITE :**</u> Un petit truand pendant la guerre mondiale déserte le champ de bataille. Mais une rencontre va bouleverser sa vie... Et que fuit-il sinon lui-même ?

<u>LE DERNIER DES COSAQUES</u> :
<u>SAGA EN 5 VOLUMES</u> :
<u>LE DERNIER DES COSAQUES</u> :
Les aventures d'un cosaque en 1922 après la chute des armées blanches...
 Une page méconnue de l'histoire russe dans un « eastern » plein d'action et de rebondissements...
<u>VOR VORON</u> :
Slouch affronte une secte aux pratiques obscures.
<u>ÉPOPÉE CHEZ LES DIEUX CELTES</u> :
Voyage imaginaire au cœur du monde des légendes celtes...
<u>RETOUR VERS L'HYPERBOREE</u> :
Voyage dans la mythologie slave et sibérienne et l'histoire des héros légendaires cosaques.
<u>L'OR D'OMSK</u> :
Qu'est devenu le gigantesque trésor impérial ?
<u>L'AIGLE DES STEPPES</u> :
Un nouvel eastern. Bouria et son maître escortent deux américains en Sibérie ?
<u>LE SECRET DE L'ORDRE</u> : En pleine terreur stalinienne, des agents infiltrés sont arrêtés par le NKVD...
<u>LE COSAQUE DU BAIKAL</u> : La bataille de Moscou fait rage. Les cosaques y font merveille mais savent déjà que Staline les éliminera dès la fin de la guerre...

MASHA BRUSKINA :
Pas une biographie de la jeune héroïne et martyre mais une fiction. 1941, le colonel cosaque, tsariste au service des bolcheviks, rencontre la jeune fille pendant une mission chez les partisans et d'infiltration.
Suivi par **L'aigle à l'étoile et Dernier acte**
L'ECOLE DU FEU:Un cosaque rejoint l'Armée Rouge dans sa lutte contre l'envahisseur nazi en 1942 alors que son frère rejoint le clan adverse.
Suivi par : **AU DELA DES LIGNES.**
LE COSAQUE DU BAIKAL : Une centaine de cosaques, anciens des armées blanches, se sont réfugiés à l'est du lac Baïkal. Le nouvel ataman décide de libérer des prisonniers de guerre pour augmenter ses effectifs et de leur trouver des femmes pour qu'ils fondent des familles. Suivi par :
LE BLANC ET LE ROUGE : À paraître.

LES TROIS ROSES

Saga en 7 volumes mettant en scène, de manière fantaisiste, trois grandes dames de la littérature médiévale au prises avec les soubresauts d'une Histoire mouvementée...
Volume 1 : Le spectre au violon :_Le fils aîné d'un baron en quette de gloire et son fidèle écuyer se lancent à la recherche d'un monstre qui terrorise la région....

191

<u>**Volume 2 : Les trois roses :**</u> Trois femmes dans le tumulte de la révolution des idées au moyen-âge, passions et sensualités, l'égalitarisme, homosexualité féminine mais aussi la question de la moralité et du message biblique qui est à l'origine. Ce 14° siècle est plein de surprises....

<u>**Volume 3 : L'intemporelle :**</u> La plus grande poétesse française, celle dont les fables inspirèrent La Fontaine, l'une des femmes les plus talentueuses de notre histoire mais que nous avons totalement oubliée vivait au 12° siècle...

<u>**Volume 4 : L'étoile des roses.**</u> Après le spectre au violon, les trois roses et l'intemporelle, le voyage médiéval continue avec une des plus grandes "star" du temps, Barbe de Verrue.

<u>**Volume 5 : La rose des justes :**</u> « Si c'est pour en arriver là, ça ne valait vraiment pas le coup.. »Dans les ruines fumantes de Berlin, aux derniers jours de la guerre, une jeune femme exprime sa colère auprès d'un étrange fantôme... Ainsi commence l'avant dernier volume de la sage des trois roses...

<u>**Volume 6 : L'épine des roses :**</u> Voici nos personnages qui se rassemblent, mais, dans quel but mystérieux ? Car la question reste entière et la troisième rose reste toujours méconnue...

<u>**Volume 7 : La rose des neiges :**</u> Du moyen-âge au monde moderne avec nos trois héroïnes et leur troubadour et de la France à la Sibérie…

<u>**ROMANS POLICIERS**</u>

<u>**SERIE ADONIS LEBEL**</u>

<u>**ADONIS LEBEL :**</u> Après trente années passées dans les archives d'une même entreprise, Adonis Lebel vient de perdre son emploi quand il hérite d'une fortune fabuleuse...

<u>**SECRET MEDICAL**</u> **:** Un maître-chanteur menace de dévoiler les dossiers médicaux des patients d'une clinique privée...

<u>**LA FEMME LOUP**</u> : Adonis Lebel est engagé pour retrouver une jeune femme disparue depuis deux ans...

<u>**LE RAT DU NEGRESCO**</u> : Des bijoux sont volés dans l'hôtel mythique... Le directeur décide de faire appel à Adonis Lebel...

<u>**L'AUTO STOPPEUSE :**</u> Une jeune femme est partie en stop retrouver l'homme qu'elle aime mais n'est jamais arrivée à destination. Adonis est chargé de l'enquête.

<u>**COUP DE BLOUSE :**</u> Une série de suicides frappe un laboratoire de recherches médicales...

<u>**LE FANTOME :**</u>

<u>**SERIE KOCKA**</u>
Détective amateur qui conclut un peu vite...

<u>LA GRANDE FAMILLE</u> : Kochka arrive pour remplacer un comptable dont la mort mystérieuse...
<u>LE CORPS AU PIEDS</u> : Dans la neige, soudain, un indice… Et l'aventure commence....
<u>UNE ETRANGE AFFAIRE</u> : Un homme annonce à Kochka qu'il va être assassiné...
<u>ELISA</u>: Suite d'une étrange affaire…

<u>**AUTRES**</u>

<u>LE CRIME</u> : Un homme se réveille un matin, persuadé qu'il a commis un crime et décide de savoir...
<u>Un joli boudin sucré</u> : Une vie tranquille, et soudain…
<u>LE ROIS EST LÀ</u> : La monarchie restaurée met fin à des siècles de désordre, mais le crime est hélas toujours d'actualité. Kochka reçoit la visite d'un étrange marquis...   suivi par :
<u>LA CHASSE AU MARQUIS</u> et
<u>LES QUATREMOUSQUETAIRES</u>
<u>LES TUMULTUEUX DEBUTS DE THEOBALD TETEVIDE</u> : Théobald, tout juste sorti de l'école de police arrive dans un commissariat marqué par l'assassinat de deux policiers...
<u>LA POLICE DU MARQUIS</u> : Théobald et ses amis partent prendre quelques vacances au château de marquis avant de reprendre l'entraînement puis d'être intégrés dans une étrange brigade.

194

<u>**LES COMPAGNES DE JADE**</u> : Jade, libérée des mains de Vort, leur fait des révélations sur un réseau international de trafic d'esclaves...

<u>**JADE :**</u>Jade, la nièce du terrible trafiquant, Phong, a été confiée au détective Kochka pour être son assistante. C'est alors que vient un petit employé d'une entreprise d'import-export qui se plaint d'être suivi…

195

FICTIONS BIBLIQUES

<u>J'AI FAIT UN REVE</u> : Ce roman est une pure fiction. Il n'est ni un ouvrage théocratique, ni une élucubration prophétique, c'est un voyage onirique à travers ma modeste connaissance de la bible et la vision personnelle que j'en ai. C'est un rêve que je partage, rien de plus, mais, s'il peut donner envie à une personne d'étudier la bible, alors, je serai heureux.

<u>L'HOMME A LA BIBLE</u> : Dans un avion, un vieil homme parle de la bible... C'est d'abord une présentation classique, puis, il lui révèle des faits troublants, une vision inattendue...

THEATRE

<u>TROIS DUOS POUR LE THEATRE</u> :
Trois pièces mettant en scène deux personnages pour évoquer des thèmes de société :
L'hommo meetic : Une rencontre virtuelle.
Gog, Magog et Démagog : Deux célibataires qui partagent la même maison et une mystérieuse femme...
Dialogue de sourdes : La cohabitation de deux femmes aux caractères radicalement différents...

CLODO : Deux musiciens ayant perdu leur emploi logent dans l'appartement d'un immeuble en chantier...

LE VIEUX : Un homme qui va vers ses soixante ans et ne supporte pas de vieillir...

LA REINE ASSASSINEE : Marie-Antoinette vit ses dernières heures au Temple, rêve à sa vie et repense à son mari...Une œuvre de fiction mais écrite à partir de documents et témoignages d'époque.

TROUBADOURS : Une évocation de Marcabru et Cercamon, deux troubadours au temps d'Aliénor, mêlant quelques uns de leurs poèmes.

ROMANS « SOCIAUX »

LE COQUELICOT : Le drame du handicap soudain qui vient tour bouleverser…

L'EPILEPTIQUE : L'épilepsie dans le milieu professionnel et dans le monde moderne comparé à la vision ancienne de la maladie... Un malade diagnostiqué décide de devenir le dieu des épileptiques...

LES MECHANTS : Un homme victime de harcèlement dans son milieu professionnel...

GYNECIA : Un monde entièrement dirigé par des femmes où l'homme n'a plus de place..

LA REPUBLIQUE MORTE : Venu assister à une réunion d'un groupe royaliste, Eric va se retrouver impliqué dans la guerre civile...

197

https://www.le-troubadour.com/

Henri LASSERRE

Après des études de musicologie, d'harmonie tonale et modale, contrepoint et écriture musicale ainsi que de musicologie médiévale dans la classe de Jean Maillard, il a été clarinettiste et clarinette-basse dans divers ensembles et orchestres avant de se tourner vers la recherche et l'interprétation sur instruments médiévaux et de la renaissance.

Il a inventé, avec le guitariste Jean Philippe Zambetti, le jazz médiéval qui consiste à improviser dans le style de l'époque autour d'une danse ou une chanson ancienne.

Concertiste, il se produit dans divers spectacles et programmes solos, souvent accompagnés de conférences sur des sujets divers, en particuliers sur les femmes de talent.

Acteur muet dans plusieurs court-métrages, il est aussi écrivain et l'auteur de nombreux romans sur des thèmes historiques sociologiques et théologiques.
L'histoire celte, cosaque, le moyen-âge comme la réalité sociale de l'homme confronté à la maladie lui ont inspiré des fictions très diverses.

199

www.ingramcontent.com/pod-product-compliance
Lightning Source LLC
Chambersburg PA
CBHW060046260726
48658CB00004B/1196

1.
PLAYFUL EXERCISE THAT MAKES ME A HAPPIER PERSON!

Playful exercise is your opportunity to be young again, inside and out! I plan it out and look forward to my little slice of play time. This will give you an opportunity to enjoy your exercise time rather than to dread it. It will give you a playful release from all the obligations of being an adult, working, parenting and possible caretaking, and more and more. We need that healthy release but usually, we think it's a waste of time. If it gives you genuine happiness and a stress release, I believe it's not a waste of time. You will get healthier, happier and emerging as an adult who enjoys life and shares happiness to all those around. You will be the shining example to all those around you! While others release their stress through destructive means, you are helping yourself, your attitude, and others just by doing something playful. Exercise allows me to play and allow the inner child to come out and enjoy life! Find that joyful and fun exercise and you will stick to it. You'll even look forward to it. It's far from an obligation when it's fun.

Think back to when you were a child… what did you enjoy doing? What gave you a smile? What could give you a smile of happiness? When I was a child, I enjoyed exercises that involved more of an individual sport, such as running, biking, skiing, and figure skating.

I tried team sports but wasn't hooked. I like to keep moving and the team sport that I did, field hockey, didn't keep me moving the whole time. However, one thing I enjoyed was exercising with others. That made my exercise even more fun and more playful. We were working on our own talents in the same room.

Fast forward to my adult playful exercise and I find myself enjoying group exercise classes! I enjoyed biking, running, walking and hiking with others. I enjoyed dancing and now I do ballroom dancing occasionally. I have an opportunity to join an adult basketball league but know that's not me. What would be your fun playful exercise?

I've found that my happiest times are either during exercise or right after! Make a good plan for your playful exercise and you will stick to it. You'll be much happier to those around you. You'll become a much better version of yourself!

What did you enjoy doing as a child?_______________________

What did you LOVE about it, giving you happiness?_______________________

What exercise can you do today as an adult?_______________________

2.

FINDING AN EXERCISE ROUTINE OR CLASS YOU LOVE IS THE BEST WAY TO STICK WITH IT.

One of the best ways to stick to exercise is to find an exercise routine or class that you absolutely love. It's like finding your best friend! Of course, you will spend time with your friend and, of course, you will look forward to your workout. It will still be hard work, though, but also satisfying.

To find this special exercise routine or class, it's best to find out what will really honor your body. We like a challenge but we also like to be able to do the challenge, without frustration. So you need to find the happy middle point and maybe a little harder than that. If you think you want an easy workout, that's fine at first, but you will soon be bored and looking for more. The exercise you love will be one that has more to it, something you can reach for at least a little. If it's too hard, it's no good. If it's too easy, it's no good either.

Additionally, be sure to honor what you'd rather be doing at the moment. You might rather enjoy a quieter exercise such as yoga or Pilates at one time of day and more vigorous another time of day. Honor those feelings and find the right challenge level to find your exercise routine or class that you LOVE. When you find it, it will be so easy to go exercise and you will finally be consistent! And people love to be with people so why not have that as part of your exercise! Enjoy your class!

What are some exercises that you might LOVE to do?___________________

When will you do them?___________________

Which one is the winning "best friend" workout?___________________

3.
NON-NEGOTIABLE PART OF MY DAY.

Setting a time that is your time to exercise is setting an appointment with yourself. You should come first. When you are well and happy, you can do more for others, your work, and your family. Schedule things around your all-important appointment and you will be more in control of your schedule. This will require you to say "no" to some things that just pop up and other people's emergencies (that aren't really all that emergent). Saying "no" will allow you to be in control of your time and you know very well that your time is very valuable. Plan your life with your exercise as one of your periods of your day.

However, what if you are unsure of the schedule or how you might feel the next day? I like to have a plan A and a plan B when I'm scheduling my exercise time. If one time or activity doesn't work out or I'm not feeling it, I go to the next time or activity. One time is bound to be the right one and I will still get exercise in.

Another thing I like to do is exercise before or after an event! For example, I like to run before I have a meal and run before a shower. This motivates me to stick with my nonnegotiable time, before lunch for example, and get it done. Exercising after lunch is not as desirable for me but it might be for you. Another event that most people exercise after is work. But that can get a little tricky. When you put exercise off till later that day, there can be other reasons why exercise will not happen. Some of the reasons you might relate to are after work traffic, appointments, kids sports, unforeseen emergencies and whatever else. Be sure to have a plan B so you can fit exercise in before you go to sleep, even if it's only for 10 minutes. You'll feel better and know that you've still done something. You will also be committed to your nonnegotiable exercise for the day.

When you find that your nonnegotiable exercise gets interrupted by something else, look at that event as a learning experience. Maybe you said "yes" when you shouldn't have. Maybe you were too tired. No matter what the reason was, next time, that reason won't be one that interferes with your all-important exercise time slot!

What's your top 2 time slots for exercise?__________________________

4.
CHANGING THINGS UP.

Changing your exercise is really important for 3 big reasons that can make or break you staying consistent with exercise. Change is not only for your interest level but also for your body! The whole point of exercising today is to reach for a health goal you have in mind, something that is really important to you and that could ultimately change your life. Change is good and will keep you coming back for more!

The 3 Reasons Why You Must Change Your Exercise Often:

First, by changing your exercise, you will not get bored and will keep it interesting. Most people will say that they go to certain classes because the instructor changes it up often.

Some people like the predictability of the same routine. People like an element of surprise and also doing things they'd rather not do alone, thus going to classes is a very important part of a consistent exercisers life. They go to a boot camp style class where anything is possible, from cardio to weights to calisthenics, and find out they can do things they never even expected. I love to play with new ideas and do new things someone else thought of. And after it's all done, you'll feel proud but you will also feel some soreness to show you that you needed to work that muscle differently to get new results.

<u>Second,</u> your body needs a different exercise to keep getting results. Doing the same thing over and over is the definition of insanity. You know you're exercising but you won't get results when your body gets used to the same thing. For example, walking on the treadmill at 3.5 in September was challenging for you. You were pumping your arms and breaking a good sweat, breathing moderately to heavy. By January, the walk was much easier but you keep doing the same time and speed because after all, you are exercising and it's better than

nothing. True but you won't get results when your body is used to the exercise. You need to spice it up. You can change it up on the treadmill by adding hills and speed and varying the speed from faster to moderate speed. Better yet, get off the treadmill and do a weight circuit, take an exercise class and try something totally new. You have a base of exercise and ready to give your body new results and new stimulation!

<u>Third</u>, different exercises will help more muscles in your body, therefore, avoiding injury. Over the long term, when you avoid injury, you will stay consistent and keep getting results. Now, this isn't an exciting reason to keep changing your exercise but when you are injured from only walking or only jogging, you will think differently. My running friends know from experience that only running got them injured. Doing different things, such as cycling and weight training could have prevented injuries. Running 5 days a week or doing any other exercise 5 days a week can get you injured. And, of course, being injured is no fun and will stop your consistent exercise. Getting back to exercise can

be a long road of rehab and then once your body is ready, your mind must be ready to not be fearful of the exercise that stopped you in the first place and to make exercise part of your day like before.

It's so important to keep changing exercise up. You'll look forward to changes and you'll feel the difference. And you won't get injured, so you can keep going!

What exercise have you been repeating for too long that must change?_______________________

If you insist on a certain exercise, how about changing your time or intensity, such as how hard you are pushing it._______________________

5.

Morning Workouts Have Made The Biggest Difference In Terms Of The Consistency Of My Workouts.

There are so many reasons to exercise first thing in the morning! This is one of the greatest reasons why many people stay consistent with exercise and prioritize their bedtime the night before. Be sure to use your precious time wisely in the morning, with your outfit put out the night before and your workout picked out and ready to go. However, if you are a night owl and really dread early mornings, you still may not be convinced.

"In your first hour of waking, you have the opportunity to aim all of your energy toward creating your healthiest self." (Ann Green, Bliss Yoga, Barrie Ontario)

Top 10 reasons why you must exercise in the morning!

1) Nothing will get in your way. No appointments, no emergencies, no overtime.

2) Wakes up your brain. When you do movement first thing in the morning, especially more cardiovascular activity, your brain wakes up. You will become a smarter and a more creative person. Your attitude will soar as well!

3) Gives you a great attitude first thing! And many smiles.

4) You know you got it in! Nothing hanging over your head after work.

5) Your plan begins the night before with laying out your outfit. You are most ready in the morning!

6) You don't need to think about it, just get going! I know when I think about it for too long, I might talk myself out of it. When I do, I have a backup plan with another time of day and or activity.

7) You will feel stronger, both in mind and body. You will gain a little burn in your legs

and or arms but that will remind you all day that you were strong (body) in the morning and keep on being strong all day (mind).

8) It's done before your day becomes way too overloaded! Isn't that the best reason of all?! You know you've done it. There's not a better time in most days because they are just too crazy! Another great time is after the kids have gone to bed, around 9 or 10. People exercise at this time and maybe you might if you are a true night owl.

9) You'll get bragging rights! Log your workout into your app and your friends will see it. If they are competitive, they will have to get going too or else you will have won for today.

10) You motivate others! Your kids, your spouse, your friends, and co-workers see that you are a morning exerciser. They might wonder how you do it but they know that this is a possibility. They see you being consistent daily and want the same results you are getting. They might even join you!

11) Your running club or other club is doing it so you want to join them!

Many consistent exercisers exercise first thing in the morning. It's a beautifully, quiet time of day when nothing will most likely stop you from your exercise plan and, therefore, you'll be more consistent. With consistency, you'll get results and that's what you're after, right?!

When will you try a morning workout (commit)?___________________________

What will you do during your morning workout?___________________________

6.
FIND A TIME OF DAY THAT WORKS BEST FOR YOU.

Find the right time of day by experimenting! There are two things that I find are really important when it comes to finding that best time of day for exercise. You should find out what feels best in your body and find out what works best for your busy day.

First, try different times of the day to see what feels best in your body. Try the morning time, midday, late afternoon, after work, and then after dinner or late evening. Everyone is different and has different energy at different times of day. You can even go a step further and compare energy at the same time of day over different days. Record your energy at different times of day to see what is best for you! It will be fun and very revealing to find out where your energy is the best!

Second, you must also be realistic with your daily activities, work, chores, family obligations and other responsibilities. As much as your energy could tell you exercise midday, you could be in the middle of a meeting at work. Exercising at work could be good for you when you have a gym and shower facility at work, so don't rule it out. Just have a backup plan when you get caught up in work. Determine other times of the day you can exercise, without interruptions or minimal interruptions. I do this exercise with my clients. They want to exercise with me at my best time but only show up once, and then next time, they find that their work or family interrupts this time slot. So then I ask which other time could work best for them. We might narrow it down to a morning or evening time slot. If they aren't a morning person, they might just have to start being one! There are ways to become a morning person that actually work! For morning people, there are ways to become an exerciser in the evening! You can actually change your ways once you really want to become consistent and find a big reason to exercise at these less than desirable times of the day. As much as I prefer morning or mid-morning exercise, I find that evening exercise time actually has its benefits. I really have to motivate myself for an evening workout but it works well as I can have a little recovery meal and off to bed! Often times, I get a great sleep and feel so happy to have done that exercise! What motivates this morning exerciser to exercise in the evening is usually a bike ride with a group of friends, a group exercise class, or that it's my only opportunity!! And let me tell you, my only opportunity reason happens often!

Find what works for you and keep exercising. While it's best to exercise when you have the best energy, it may not always work for your busy day. Do what's right for you and your situation and stay consistent!!

What time of day feel best in your body (ideal situation)?_______________________

What time of day works best in your situation?_______________________

What's your middle ground?_______________________

7.

INSTEAD OF MEETING FRIENDS TO GO OUT FOR DRINKS, MAKE IT A DATE TO TRY A STUDIO OR CLASS TOGETHER.

It is such a powerful combination of meeting a friend for exercise! You know how fun it is to meet a friend for anything, right? It's just good fun to socialize, catch up on things and get their perspective on your challenges in life. It's great to enjoy their presence, smile, and good happy vibes. It brings such great energy to us to be with another person. No matter how you are feeling, if you open to their happy energy and giving them a good time, you will enjoy your social time and gain so much happiness.

When you couple your socializing time with exercise, you'll really feel great! Exercise gives you a nice rush of endorphins that will give you happiness too. You will have that exercise in common and, finally, do something you can be proud to say you did rather than say you went out for drinks and feel guilty for indulging in something that you know you really shouldn't. As much as I enjoy indulgences, I feel better during and after socializing while exercising than drinks and socializing! I wake up the next day even more energized with happiness.

I'll give you some ideas you can start doing today with your friends that I do. I enjoy walking, running, biking, and hiking with friends. I also find that with all our technology, it's easier to find groups that do all of this! You never have to be alone exercising if you are willing to meet somewhere new and flexible with your time. Who knows... the time and place might be a perfect match! There's plenty of ways to socialize that also can be done inside a gym or studio. I enjoy meeting someone for a yoga class or other class. We can sweat together and then laugh about it later. Maybe catch up for a coffee or just talk in the lobby area to catch up. This always fills me up with happiness, too.

Schedule this time with a friend today or at least tomorrow! Figure out which friend has similar availability as you and possibly open to exercise and social time. I like to find a few friends for this who enjoy different exercises. That way, I'm always enjoying social time with friends while I exercise! Do this today and you'll always enjoy your exercise time, and you'll finally be consistent!

What fun exercise thing will you suggest to your friends?_______________________________

8.
WORKOUT BUDDIES!

I love the idea of workout buddies, but there are two sides to this. Working out with someone is awesome! It makes exercise even more fun and you become accountable to each other. You know you will see her there. And then you get to share how you felt during and after exercise, laughing and smiling. Really, people enjoy working out! I love to see the smiles while a group of friends hang out together after class! It's their quick social time before they go and become a responsible mother, working or whatever is on their agenda.

However, the other side to having a buddy is when they don't show up and they start having reasons why they can't exercise. This is when you look to someone else to become your buddy. Also, it's a time to reach inside of yourself and self-motivate. Always remember your goal and don't let anyone steal this away. No one cares more about you than you! There's a simple way to deal with the problem of your buddy stopping exercise. Just find another buddy or be sure you have a group of workout buddies so that there will always be someone exercising with you. There are many things that happen in our lives that cause us to stop exercising at a specific time to include job change, kids schedule change, injury and more. I've seen it in my classes that I enjoy. We tend to think they stopped exercising due to motivation but that's just one of the many reasons.

You must exercise for you first and foremost! Having a workout buddy is great fun, but be sure to have a few buddies. And even better, be sure to have workout buddies at a variety of times and workouts! That way, you always have someone to have a fun workout with!

What are a few workout buddies that could actually stay committed like you?____________________________

How committed are you to exercise when they don't show?_______________________

9.
DO LESS THAN YOU ARE CAPABLE OF DOING!

A great way to pace your workouts and keep exercising is doing a little less than you are capable of doing. This tip allows you the opportunity to just move. You are allowed to move less than you are capable of doing so that you continue to move the next day. Many people don't like the feeling of soreness and pain. If you are one of these people, you now have permission to skip that feeling and exercise daily.

"I've found always doing LESS than I am capable of results in me waking the next day WANTING to do more! This approach has made certain I don't over train. I'm never 'too sore to move' and I look forward to PLAYING again the next day. This approach helped me shed 35 pounds over two decades ago (!) and consistently ENJOY maintaining my loss."

You might hear that you should push yourself and work hard but that could get you in trouble. You could work hard and then become too sore to do something the next day. Then you stop exercising for the day to recover, promising yourself that you will be back to exercise the day after that. That little break in the action could be a longer break than you originally intended. While breaks are good, some of us like the continuity of exercising daily. Here's where doing less than you are capable really works! You will keep exercising when you are doing less. So if you are jogging or walking fast, it's ok to tone it down so you can continue your healthy habit the next day.

Another great benefit of doing less than you are capable of doing is that you won't over train. We know of so many people who get injured from exercise, giving exercise a bad rep, but it doesn't have to be that way. These people might be doing the same thing over and over, working the same muscles in the same way, which over trains them, and without getting a break. We need a break and to do that we can exercise less hard or we can do something different, and play around with our workouts! Personally, I prefer to constantly shake it up with both doing different things and slowing it down. Overtraining is really important as you consider the intensity of your workouts because it can stop this healthy habit. Once you stop, you may not return to it so please use this tip of doing less than you are capable of doing. You will be able to exercise for the long term and keep playing! And, of course, get some results you can brag about!

Do you exercise at "less than you are capable of doing" for enjoyment?_________________

What is a fun enjoyable exercise to start today/tomorrow?_____________

10.
LOCATION, LOCATION, LOCATION!

The location of your exercise should be so convenient that the time to get there is not a factor. One of the main reasons we stop exercising is time, so it's most important to pick a gym or exercise location on the way home from work.

"Don't go home first," she says. "I learned that the hard way. There aren't a lot of people who are so motivated that after they go home and change clothes will go back out again and exercise." (WebMd)

Your best time of the day to exercise can be on the way home from work. Go right to the gym and get your exercise done! You'll see the same people at the gym, doing the same thing: exercising right after work. Then you can go home and deal with all the craziness in life.

You'll feel proud to have fit it in and can relax, knowing you don't have to go out again!

You could also change clothes at work and then walk or run or bike before you get home. I often do this so that I can change up my run, walk or bike. It keeps it fresh and I look forward to the change. When I get home, I'm done! In a pinch, feel free to change clothes at the park, in the car, or at a store, whatever you need to do to get out and exercise without going home!

You know full well that going home first will probably distract you from exercise so be sure to do it on the way home from work. Be sure that your gym or location of exercise is convenient so you are not spending extra time getting there. That extra time will be your "I don't have time" excuse. Of course, you could also exercise before you get to work, just be sure to pack something for breakfast so that you are not starving as that's not healthy and will drop your metabolism and make you sluggish.

Can you relate?__________________

What's your most convenient place to exercise so you'll actually do it?!_________________

11.
EXERCISE EVEN WHEN YOU ARE "TOO TIRED."

Having a plan to exercise is only one part of the process of exercise. When it comes time to actually exercise, the excuse could easily be that you are "too tired." We do so much all day for others, our work, and so much more and then it's time to exercise. What is a tired person to do?! Take a nap or get started? One thing you'll experience is that you will feel better after you exercise! Let's go!

"It energizes us," says Klein. "You breathe deeply, and your body makes better use of the oxygen exchange. You'll get an exercise-induced euphoria during the activity and for some time after."

Give yourself permission to go slower or maybe not as fast. Get started and you will find out that you will have more energy than you even realize! Give yourself a slow warm up and see what happens after. The warm-up itself could energize you and really get you going, so give yourself a good 10 minutes to see your energy rise to the occasion!

And if you are still kind of tired, think positive thoughts, digging deep down to where you have some positive energy. I like to imagine the good energy, rather than focusing on my tired feeling. When I imagine good energy, somehow, I get the energy to keep going and even push it a little.

There are times of the day when you have more energy than other times. Knowing when you will be "too tired" is good and good to avoid scheduling your exercise time then. However, if that is the only time or you'll be with a group, then find your energy and make the most of it!

Right now, imagine good healthy energy. Visualize your happy place and you being a strong, energetic person._______________________

What's your "too tired" time of day for exercise?_______________________

12.
HAVE A GOAL WITH A REWARD.

Goals add something to your life that gives you something that is real and in the future. It gives you something to get excited about. It gives you something to work for. Let's talk about a few ways people set goals that keep them focused and consistent in their workouts.

One way is to set a date with an actual event. You can sign up for a 10k run or walk in the future or another event. This will help focus your workouts on run or walk with the 10k in the future. You will have run/walk to feel good about your upcoming event. Because, after all, you want to do well and feel good about it. Usually, people enjoy the event with other people, so that will give you an additional layer of accountability and fun with your exercise.

A second way to add a goal to your exercise program is to… add a goal! Put a number on it, such as number of days exercising daily, or number on the scale (although that's not a favorite of mine), or another number. Be sure that the number is realistic in the time frame you are shooting for. For example, losing 50 pounds in 30 days is not realistic, but losing 10 pounds without a date or within 3 months or less is fine. Be sure you set your goal so that it's attainable. It should be a little bit sized piece. Once you attain that goal, go for the next. This is one way that I lost weight, 5 or 10lbs at a time. I was so happy that the number was moving and wasn't looking at the big picture, only the small goal.

As for the reward, once you attain the goal, give yourself a little treat. I'd give myself a guilty pleasure of a movie night or other fun time. I might even try another exercise class to celebrate! Sometimes I celebrated with shopping for a small item I've been looking at for some time. But I didn't celebrate with food. I wanted to keep moving forward with my goal and that only moves me backward.

Goal setting has been proven to work to help people keep moving forward in their life. It can be used for anything well beyond exercise. Once you use it for exercise, try using it for your work or home life. Maybe something needs improving there, so set a goal and go for it!

What's your goal for your exercise program?___________________________

What's your reward for attaining that goal?___________________________

13.
RECORD IT.

Lots of studies show that tracking your workouts, whether with actual pen and paper or online or on an app, helps people to stay on track.

Recording my workouts is something I've done for decades! I love to look at my workouts and see what I did in the past and how far I've come. It's really motivational to see how strong I was to do it back then, so I can keep it up now; with the attitude "no matter what" is getting in my way, I'm doing something for exercise!

"For years, I've been recording my workouts and my foam rolling sessions (only way I'll do 'em!) in a journal. It's fun to look back and see how far I've come, and it motivates me to keep going!"

Back then, I was recording my workouts in a simple planner. I'd write my plan and appointments for the day and then I'd include a completed workout. Each day, I could see the previous day, week and more. Already, it was motivational and powerful. I could see that I was doing it and it became a good healthy habit to not only do the exercise but also the act of writing it down. I had to have something to write down so I had to do the exercise planned!

Now, we have the technology to record our progress. Along with technology, we also have friendly competitions with friends, family, and coworkers. The idea has remained the same. We still have to do the work! We still see our exercise previously done and records today's exercise. Now, we can additionally see what others are doing and compare notes! We can send this progress to our trainer or coach too for feedback and assistance. We also have apps that record steps, such as fit bit, and automatically send it to the site. However, this isn't necessarily your exercise session but it does motivate you to keep moving and keep you in friendly competition with your friends, family, and coworkers!

Pick your recording method but no matter what, just do it. Exercise then record as your daily habit. Your exercise doesn't have to be hard every day. A recovery exercise also counts, such as foam rolling and stretching but include movement daily to keep up the healthy habit and friendly competition!

How will you record and plan your daily exercise?______________________

App, paper, or another way?

14.
Focus On How Good You Feel When You're Regularly Working Out.

One of the greatest things we want in life is to feel good. This tip is about how you feel when you are consistently exercising. Let's compare it to the feeling when you aren't consistent with exercise. Keep both feelings in mind so we can compare them and choose the feeling that is best for us.

"Working out consistently gives me energy and makes me feel more confident."

First, during the exercise session, you might feel bad although you shouldn't. You should be exercising so that you have a little labored breathing but not gasping for air. When it comes to stretching and strengthening exercises, you should definitely feel the exercise but not to the point it could cause a problem. This is a very subjective rating and many times we are overly cautious but I'd rather you be overly cautious when starting out and give your body a chance to build some base strength and cardio ability than a pain that tells you that you did too much. Once you have the base, in a month or two of consistent exercise, you can ramp it up and do more, feel more burn and challenge yourself.

The post-exercise feeling is usually one of accomplishment. You might even ask yourself, "Did I really do that?!" You should be proud of yourself, although a bit sore. As you go through the day, you might have a smile on yourself, still celebrating your exercise habit and accomplishments. Know that just exercising is still an accomplishment, even if you didn't do something that amazing. Celebrate and enjoy the moment.

As you go through your days and weeks of being a consistent exerciser, you'll enjoy the feeling of more energy, and probably more happiness. It really helps us from the inside. Our brain actually benefits from exercise, helping us become happier. We gain more energy from spending energy moving. We stand taller and prouder rather than "frumpy."

All of this helps me keep coming back for more. As you continue to exercise, you will finally get some results, adding more happiness, pride, and commitment. You know that this works to be consistent. You feel good and now you are looking a bit better, too! Keep exercising!

How are you feeling as a result of exercising?_____________________

What feeling from exercise will keep you coming back for more?_____________________

15.

I Stay Consistent By Taking Group Fitness Classes That I Have To Book In Advance.

A great way to keep exercise consistently is to pay for it in advance. No one wants to lose money and many places might actually penalize you if you take a slot that someone else could jump into. This is a great way of scheduling a class or workout in the future. You've already committed to it, paid for it, everyone knows you are coming, and you probably already have all the alerts set on your phone too!

I often book in advance, especially if it's a class that gets full. It becomes an appointment that I must go to, no matter what. It becomes non-negotiable! So if something comes up, I have to say I really do have a very important appointment. If I were to cancel a doctor's appointment, I'd still have to pay a penalty and if I skip a class that I paid for, I still pay.

The extra pay classes that you might see are small group training, personal training, specialty classes, and studio classes and there are classes booked through the MindBody app, along with other fitness booking apps. Not only can you book a class through this app, but you can see other places that are on the app which might give you ideas of other places to go and commit to!

Have a great exercise class!

Do you have a place you could book in advance?________________________

Book it today!

16.
DON'T PUT AWAY YOUR GEAR!

We tell our kids and favorite people in our house to put away their things and yet this is the one time that you shouldn't put away something! Keep your exercise things out. This will be a constant reminder to exercise, even if it's for a set of pushups or crunches!

Here are some of the compact things you can set out that won't make your house look like a gym...

A mat

Foam roll

Set of weights

Push up stands

Jump rope

TRX or suspension straps

Exercise tubing

Videos

My home doesn't look like a gym, but I have the constant reminder to exercise. I often do plank holds, foam rolling, and a set of curls with my dumbbells or kettlebells. I use the jump rope when my kids are playing outside and they join in with me! To be sure your kids or spouse joins in, have a spare!

A set of weights or push up stands is that constant reminder you need to start your day with exercise! Wake up and get one set done, then get another done, and before you know it, you've done 10 minutes of exercise. Here's a quick circuit that requires minimal equipment: Plank, crunches, push-ups, squats, lunges, arm curls, and dips.

Any exercise today is good. Keeping your equipment out as a constant reminder will work to keep your exercise top of mind. Keep exercising consistently and you will get results. Have fun!

What home equipment do you have that you can put out and use today?_______________

What home equipment will you get?_________________

17.
PUT YOUR CLOTHES OUT THE NIGHT BEFORE.

One of the best tips of consistent exercisers is that they set out their clothes the night before. Many people set out their work clothes, so why not set out your exercise clothes too?! This is a great way to know that you are planning on a certain exercise session. You'll look forward to it, lovingly or maybe not as lovingly. It's part of your appointments so you must dress for it!

Knowing which exercise session I'll do, I set out the right clothes for that. I have no question about what to wear and if it's clean. I figure it out the night before and pack it in my gym bag, or put it on and get going right away! Setting clothes out the night before is all part of planning which exercises I'll be doing the next day. It's not a last minute decision. Your well planned day starts the night before with this one tip!

Set out your clothes and you'll be part of the consistent exercise club! We get results and have fun getting results! Join us.

Start planning your exercise with clothes and a realistic plan for today/tomorrow…

What's your plan?________________________

Set out your clothes?________________________

18.
STREAMLINE YOUR OBLIGATIONS.

We all have things we have to do. We must be responsible adults with our chores, work, and family while balancing it all. That being said, we should also take care of our body because we are responsible adults. In order to fit it all in, you have permission to cut corners with your obligations. Fitting exercise in this way is not a selfish act. It will help more people than you!

"I know that if I am my best self – take care of the only piece of real estate that one can truly own in their lifetime, my body – I will be a better version of myself for everyone else." Noah Neiman (co-founder of Rumble, boxing studio in NYC).

<u>4 ways to streamline your obligations!</u>

Streamline your obligations by simply getting less of them. You must say "no" more often if you want to be sure you exercise and take care of your body. When you are healthy, you will be able to do your obligations and work with more clarity and a better attitude.

Streamline by grouping your obligations. You can do all your errands that are in one place, in one day, after you exercise or as part of another trip. If you do your errands before exercise, you might run out of time and then not exercise at all. Group other obligations so you are not wasting time but cutting time from this.

Streamline by cutting corners. It's ok to cut perfection out of your chores. While some work must have a good attention to detail, some things don't need additional time and work. For example, your dinner doesn't have to take as long to prepare. You can choose to prepare a quicker meal. Maybe a crock-pot meal or a quick something on the grill. You could also choose to prepare more of your meal so you can have it as leftovers later in the week. There are other places you could cut corners as well.

Streamline any "time wasters." Do you have anything that takes your time that is totally unnecessary? Checking your phone way too many times is a time waster. Being less attached to your phone and all the social media will give you more time doing other things, such as being sure your exercise is first before the phone. Set a time reminder for your exercise appointment and do it before any social media. Set your phone on airplane mode or simply not have it with you. The world will not end! People can wait a few minutes while you get healthy and fit! I like to keep people waiting a little so that during that time, they can figure out the answer to the question. Believe me, it works more often than not!

Once you incorporate some ways to cut corners and streamline, you will find that you could have 10 minutes or more. Any amount of exercise is good and will keep you consistent. Staying consistent is necessary for you to keep your good, healthy habit of exercise and to get results! Go for it!

Commit and do one to two things to streamline________________________________

What is your top "time waster"?________________________________

19.
BE AWARE OF ALL THE SIGNS OF PROGRESS.

As much as you'd like to accomplish your greatest goal of… say, losing 50 pounds, that's not all that will change. There are so many changes your body will go through as you exercise and eat healthy. Let's be aware of all the changes and be so grateful for each little sign of progress. It's encouraging.

Let's start with the first two weeks. Beginning exercise can already change the body but at this point, there might be some pains involved that aren't that great. The pains shouldn't be bad but they could be a little more than you might expect. First, start exercising a little more cautiously and you might not have as much pains. If you make one of the top exercise mistakes of "too much too soon," your exercise start might be tough. Don't start off with the same weights or speed that you were doing from last time. This is a new beginning so please treat your body kindly and start new. Second, those pains are your body getting used to exercise. Your muscles are now moving, your cells are changing and so many changes are happening all at once! Let these changes happen and keep going. Some days are better than others, but just know that there are little changes in your body that are normal and have to happen as a result of moving more.

As you move towards your healthy, normal weight, you'll see that your body will change shape. Your clothes will fit better and fall better on your body, the way that they are meant to lay on your body. And you can lift heavier weights or work out longer without getting exhausted.

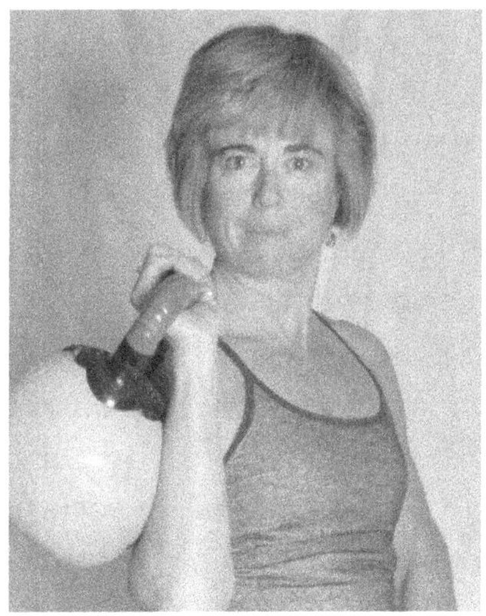

You will also enjoy these signs of progress too!

- Finally, a good night's sleep!

- Think more clearly and creatively.

- Have more energy.

- You can do more things without soreness! Like helping move furniture.

- Seeing your resting heart rate drop over time.

- Hearing your doctor congratulate you on improved cholesterol, blood pressure, bone density, triglycerides, and blood sugars.

Take a moment with each step of your healthy exercise and eating journey and congratulate yourself. There are so many people who are still not consistent with exercise, and finally, you are not one of them! You can stay consistent by enjoying each benefit of exercise, knowing that your hard work is paying off and you are feeling so much better inside and out. You will reach your big goal! In the meantime, be grateful for each sign of progress and celebrate!

What sign of progress is exciting to feel and experience?_____________________

20.
WALK WITH A PEDOMETER OR A DOG!

Walking is so simple and can be done anywhere, anytime. Here are two ways that people get motivated to walk and keep going and going. Many people get a dog just to get them to walk. If you don't have a dog (and don't want one), a pedometer is also a good companion and a motivator.

"If you enjoy walking and haven't exercised for a while, 10 minutes, three times a day, will give you 30 minutes," W. Klein.

Use a pedometer as your motivator. Use a pedometer and work up to at least 10,000 steps a day. We don't start with 10, 000 steps. We just start walking and record the steps. Find out your daily average and challenge yourself to walk an extra 300 steps each day. Keep increasing your steps little by little to get to your 10, 000 steps goal.

Use a dog as your motivator and accountability partner! The dog needs to get out and walk. Many dogs should be walked twice a day. This is great news for you! When you walk 2 or 3 times a day, you can easily add up the minutes and steps, getting a good amount of exercise time in. A friend got really motivated by simply walking her dog. Twice a day, she walks her dog, which is really good for both the human and the dog! Plus, it can relieve the guilt felt over not giving the dog as much attention as you'd like. Now, the walk is part of your time together.

Now the question is: will you get a dog or a pedometer? Both have benefits, that's for sure. No matter what, be sure to get out and stay motivated, walk and be happy exercising. You will remain consistent with your little accountability partner and motivator.

Who will be your accountability partner? Dog or pedometer?___________________

21.
TRAIN FOR SOMETHING! RACE, EVENT!

Many of the successful long-term exercisers find that a great motivator for them is that they have a date scheduled with an important event. This will help you shoot for a certain deadline to be fit and strong. Signing up for something costs something and it's that special day that is looming over the horizon. You know it's coming up and you want to do well at the event. Just finishing the event, walking, jogging, but in any case, being upright, is the way you prefer the finish! That makes for the best photo after all! Plus, after the event, you need to be ready to celebrate your win with your family and friends, and probably many of the people who are just like you who worked toward this event.

There are so many fun events. You can do a running event, such as a 5k (3.1 miles), 10k, or more. You could do a triathlon. Or maybe you'd rather be part of a relay team to run a long distance or do the triathlon together. You could do an obstacle race or an all-terrain event. You will have many obstacles to negotiate but it's all fun. Many people enjoy this type of event. You can set your own event, such as a long hike up one of the highest peaks in the area with a local hiking club. You can plan to do a certain cycling route or distance with your group by a certain date. There are plenty of charity rides to choose from that are well supported and fun.

Now that I listed many athletic events, there are also many occasions to get healthy and fit. Your wedding is coming up and you want to start your new life healthier with a new size. Your high school reunion, where you'll see all your old buddies who have all gained weight, but you don't want to be one of them!

Setting a date and a goal is an extremely powerful motivator! You know you want to do your best even if it's just to finish upright. This is a great way to know that your training will pay off at an event, athletic or social type event. Enjoy the process. Do it with a group of friends and you'll all have great motivators.

Research all events you might be interested in.

What is the event you will commit to?________________________________

Did you sign up and pay?________________________________

MORE REASONS TO CONSISTENTLY EXERCISE

Are there more reasons to exercise consistently? Whatever your reasons for consistent exercise, make sure they are personal to you. You can ask anyone why they are still exercising and they all have their reasons. It keeps them coming back for more. Usually, it's a feeling of health, which is a tough thing to describe but that's when it gets really personal. And to get to that wonderful feeling, you would have to be consistent with exercise.

To help you out and get personal in your reason to become consistent with exercise, look at your goal for exercising. Some people like to do things with other people who are having fun already. Some people know that their health must improve, or else... Some people just want that "healthy" feeling that they know they don't have. Or maybe it's just a need for stress release.

Get personal with your reason for consistently exercising by choosing one from my list of 21 or finding your own. When you find it and enjoy your exercise, you will be on the road to becoming a new person with a new, healthy body and a new attitude.

My friends gave me more thoughts on why they are consistent with exercise:

- Training for race. To live longer. To feel healthy. (Adam Long)

- Feeling energized and strong! (Jennifer Law)

- It's important and makes me feel good so I just do. (Maria Martin)

- Scale, quality of life. (Sharon Cohen)

- Being able still to do cycling by staying in shape. (Kay McDonald)

- Feeling strong, accomplished, healthy. (Victoria Clark)

- Being with friends, feeling good. (Grace Girotti)

- Remember the old Special K cereal commercials? When they used to pinch around their sides (muffin tops nowadays). They said eating special k would help get rid of the pinch. So now I call my workouts blasting away my special k. (Jennifer Lynne)

Conclusion

You've been told to exercise repeatedly by either your own wise inner voice or someone who cares about you. Now you know what to do to not only start exercising but to remain consistent with exercise and get the results that are important to you.

Know that you are not alone! Many people embark on this health and fitness journey. We all have our challenges and time when we must lay low on exercise, but the most important thing is that we get back to consistent exercise and stay there. Find your reason for consistent exercise and become a consistent exerciser. Make it a personal reason and know that your reason to stay consistent might change with your life changes, family and stress in life. Keep ebbing and flowing with life and stay on track.

Let's get going and stay consistently enjoying exercise in some way, and having more fun with our new, youthful, energetic life!

More health and fitness motivation and specific recommendations can be seen at *www.francescakotomski.com.*

Additional resources and support that go with this book: *https://francescakotomski.com/get-in-the-know-resources-and-support-with-my-book/.*

Feel free to book a short conversation to find your own personal strategy to become a consistent exerciser and fit!

ACKNOWLEDGMENTS

The author gratefully acknowledges the following people for their support and contributions:

My family who has always encouraged me to follow my dreams and enjoy each day of fun exercise. We enjoy exercise together but they have also encouraged my exercise enjoyment with others.

All my friends and mentors who are always an inspiration to have fun and exercise. This includes Competitive Edge Cycling Club, Family Bike, Pioneer Valley Women's Running Club and all the wonderful people I've met and sweated with from these clubs.

My mentors, Eric Lofholm, Meredith Poulton Eisenberg, and others, for encouraging the writing of this book.

And many clients who have taken my advice and are enjoying their youthful life, doing so many fun things just because they made the daily choice to exercise.

www.ingramcontent.com/pod-product-compliance
Lightning Source LLC
Chambersburg PA
CBHW070026260726

48658CB00002B/514